ŒUVRES COMPLÈTES
DE
EUGÈNE SCRIBE

DE L'ACADÉMIE FRANÇAISE

OPÉRAS COMIQUES

LE FILS DU PRINCE

LE CHALET — LE CHEVAL DE BRONZE

LE PORTEFAIX — ACTÉON

PARIS

E. DENTU, LIBRAIRE-ÉDITEUR

PALAIS-ROYAL, 17-19, GALERIE D'ORLÉANS

1878

Paris-Imp. PAUL DUPONT, 41, rue Jean-Jacques-Rousseau. 218—78.

ŒUVRES COMPLÈTES

DE

EUGÈNE SCRIBE

DE L'ACADÉMIE FRANÇAISE

RÉSERVE DE TOUS DROITS

DE PROPRIÉTÉ LITTÉRAIRE

En France et à l'Étranger.

LE
FILS DU PRINCE

OPÉRA-COMIQUE EN DEUX ACTES

MUSIQUE DE A. DE FELTRE.

THÉATRE DE L'OPÉRA-COMIQUE. — 28 Août 1834.

PERSONNAGES.	ACTEURS.
LE DUC DE WEIMAR . . . . MM.	Henri.
ALBERT, son fils.	Jansenne.
ADOLPHE, son neveu.	Couderc.
GROMLER, leur gouverneur	Féréol.
HERMAN	Louvet.
BLANCHE DE SYMMEREN, promise à Albert . . Mmes	Rifaut.
EMMELINE, jeune orpheline, fille d'un ancien officier.	Casimir.

Piqueurs. — Chasseurs. — Paysans. — Suite du prince. — Gardes. — Courtisans. — Hommes et Femmes du peuple.

En Allemagne, dans le duché de Weimar.

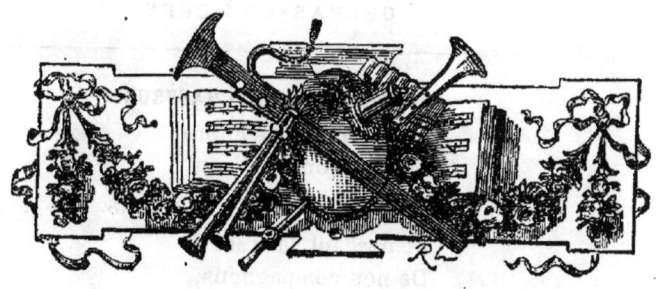

LE FILS DU PRINCE

ACTE PREMIER

Une forêt. — A gauche, l'entrée d'une chaumière.

SCÈNE PREMIÈRE.

Piqueurs et Chasseurs, descendant de la montagne ; puis ALBERT.

INTRODUCTION.

LE CHOEUR.

Chasseurs intrépides,
Parcourons les bois,
Honte aux cœurs timides !
Gloire aux plus adroits !
Que rien ne nous lasse ;
Dangers à courir,
En doublant l'audace,
Doublent le plaisir.

QUATRE CHASSEURS, regardant autour d'eux.

Des sentiers sans nombre
Coupent ce chemin ;

QUATRE AUTRES CHASSEURS.
Dans la forêt sombre
Nous errons en vain.

QUATRE AUTRES CHASSEURS.
Et perdant la trace
De nos compagnons,
Bien loin de la chasse
Nous nous égarons.

Que rien ne nous lasse, etc.

LE CHŒUR.
Chasseurs intrépides, etc.

(Apercevant Albert qui, le fusil sur l'épaule, sort de la chaumière.)

PREMIER CHASSEUR.
Mais cet homme saura peut-être
Nous enseigner notre route.

ALBERT, à part, les apercevant.
Ah! grands dieux!
Des valets de la cour, des piqueurs en ces lieux!
Aucun d'eux par bonheur ne peut me reconnaître.

PREMIER CHASSEUR.
Le grand-duc de Weimar chasse dans la forêt...

ALBERT, à part.
O ciel! mon père!

PREMIER CHASSEUR.
Et pourriez-vous nous dire
Si nous sommes bien loin de l'étang de Varnet?
C'est là le rendez-vous.

ALBERT, à part.
A peine je respire!

(Haut.)
Suivez droit ce chemin, il doit vous y conduire.

PREMIER CHASSEUR.
Grand merci!
Le prince nous attend.

ALBERT, à part.
Que Dieu veille sur lui !

LE CHŒUR.
Chasseurs intrépides, etc.
(Ils sortent par une allée de la forêt.)

SCÈNE II.

ALBERT, seul.

Mon père aussi près de moi ! et dans un pareil moment ! lorsque je viens de déclarer à Emmeline... Ah ! il m'a fallu la tromper encore ! je n'ai pas eu le courage d'achever. Si je lui avais dit que celui qu'elle croit son époux... est le fils de son souverain, et que jamais nous ne pourrons être unis... je la voyais à mes pieds expirer de douleur... Par bonheur le comte Adolphe, mon cousin, s'est, dans ce moment, offert à ma pensée... j'ai pris son nom. C'en était assez pour justifier mon trouble et pour la préparer au coup fatal que, tôt ou tard, il faudra bien lui porter... Mais la voici, c'est Emmeline !...

SCÈNE III.

ALBERT, EMMELINE.

EMMELINE.
Adolphe... vous me fuyez? vous craignez mes reproches?

ALBERT.
Je ne les ai que trop mérités !

EMMELINE.
Oui, sans doute, mais je vous ai pardonné... puisque vous m'avez tout avoué... Pourquoi cet air triste et malheureux ?... Avez-vous encore quelques chagrins que j'ignore?

ALBERT.

Ah! si tu savais quels tourments nous attendent!...

EMMELINE.

Je les devine... et je te les aurais épargnés si tu avais eu confiance en moi... si en m'offrant ta main tu m'avais dit : « Emmeline, je t'aime ; mais loin d'être d'une condition égale à la tienne, je suis riche... je suis noble... »

ALBERT.

Eh bien ?...

EMMELINE.

Eh bien ! par amour pour toi, je t'aurais refusé... Je sais les regrets qui suivent une telle alliance : les discours du monde, les railleries de la cour.

ALBERT.

Eh ! que m'importe ?... si ce n'était que cela, je braverais tout !

EMMELINE.

Alors que crains-tu ? quels dangers nous menacent ?

ALBERT.

Si tu connaissais la sévérité du duc de Weimar, son inflexible rigueur ! c'est mon souverain... je dépends de lui...

EMMELINE.

Oui, ta fortune en dépend... mais toi, quelle obéissance lui dois-tu, si ce n'est celle d'un sujet ?... Quel droit a-t-il sur les inclinations et les sentiments de son neveu ? Et, après tout, est-ce un crime digne de sa colère que d'avoir épousé la fille d'un ancien officier mort à son service, sur le champ de bataille ?

ALBERT.

Non, sans doute... mais comment lui déclarer jamais ?...

EMMELINE.

Eh bien ! j'imagine un moyen qui peut nous sauver... Va tout avouer à son fils, le prince Albert.

ALBERT.

Que dis-tu ?

EMMELINE.

On prétend qu'il est si bon, si généreux ! tout le monde l'aime et le bénit... Je n'entends parler que des heureux qu'il a faits ; pourrait-il refuser à son ami, à son cousin, la protection qu'il accorde à tous ses sujets ? C'est lui qui parlera au grand-duc, et c'est à lui que nous devrons notre bonheur !... Eh bien ! mon ami, que dites-vous de mon projet ?... ne vous sourit-il pas ?

ALBERT.

Oui... mais c'est impossible !... Dans ce moment le prince Albert n'est point à la cour... depuis trois mois il en est absent.

EMMELINE.

C'est égal... il ne peut tarder à y revenir, puisque le monsieur de la ville que nous avons rencontré hier nous a dit qu'on l'attendait de jour en jour, et que tout s'apprêtait pour son mariage avec la jeune duchesse de Symmeren qui vient d'arriver... Qui sait même ? ce mariage peut nous être utile et servir nos desseins.

ALBERT.

Les servir ?...

DUO.

Non, je ne le crois pas, et le ciel en courroux
    A nos désirs sera contraire !

EMMELINE.

Ah ! je puis braver sa colère,
    S'il me laisse mon époux !
Ni les grandeurs, ni la richesse,
Adolphe, n'ont séduit mon cœur ;
Te voir toujours, t'aimer sans cesse,
Pour moi voilà le vrai bonheur !

ALBERT.

Quoi ! tu ne veux que ma tendresse ?

EMMELINE.
Elle suffit à mes souhaits.
ALBERT.
Et si je perdais ma richesse ?
EMMELINE.
Ce n'est pas elle que j'aimais.

Ensemble.
ALBERT.
Ah ! rien n'égale ma souffrance !
Hélas ! loin de croire au bonheur,
Je sens même que l'espérance
S'éloigne à jamais de mon cœur.
EMMELINE.
Toi dont j'implore la puissance,
Amour, viens rassurer son cœur !
(A Albert.)
Oui, conserve encor l'espérance,
Bientôt reviendra le bonheur.
ALBERT.
Dans cet humble et modeste asile,
Que ne puis-je passer mes jours !
J'y vivrais heureux et tranquille,
Près d'Emmeline et des amours.
EMMELINE.
Ces lieux ont donc pour toi des charmes ?
ALBERT.
C'est là que j'ai reçu ta foi.
EMMELINE.
Ton cœur ne conçoit plus d'alarmes ?
ALBERT.
Je les oublie auprès de toi.
ALBERT et EMMELINE.
Amour ! quelle est donc ta puissance !
Sa voix a rassuré mon cœur ;

Oui, je reviens à l'espérance,
Et je crois encor au bonheur.

ALBERT, reprenant son fusil qu'il a posé contre un arbre.

Je vais faire un tour dans la forêt... Adieu, Emmeline.

(Il sort.)

SCÈNE IV.

EMMELINE, seule.

Adieu... adieu, mon ami... Grâce au ciel, me voilà un peu rassurée... Mais cette nouvelle m'avait d'abord fait une frayeur... *M. le comte Adolphe.* Oh! le vilain nom!... je ne pourrai jamais m'y habituer... Lui qui est si bon, si aimable, qui a tant de raisons pour être aimé... à quoi bon être grand seigneur?... il pouvait s'en passer!

SCÈNE V.

EMMELINE, ADOLPHE.

ADOLPHE, en dehors.

Mon gouverneur... par ici... le sentier à droite... Eh bien! je ne le vois plus... il se sera perdu dans les taillis... je vais le chercher. (Apercevant Emmeline.) Non, ma foi, j'aime mieux rester ici.

EMMELINE.

Quel est ce jeune monsieur?

ADOLPHE.

Un chasseur qui s'est égaré, et qui ne sait plus comment regagner la grande route.

EMMELINE.

Par ici, monsieur, je vais vous enseigner...

1.

ADOLPHE.

Merci, ma belle enfant, ne vous donnez pas la peine; je vous avoue que maintenant j'aime autant ne pas retrouver mon chemin.

EMMELINE.

Il y a donc une grande chasse dans la forêt?

ADOLPHE.

Oui, le duc de Weimar, la duchesse de Symmeren et toute la cour.

EMMELINE.

Et vous êtes de leur suite? (A part.) Si j'osais l'interroger? (Haut.) Dites-moi, monsieur, puisque vous êtes de la cour, connaissez-vous le comte Adolphe?...

ADOLPHE.

Si je le connais... (A part.) Eh bien! par exemple, voilà une singulière question; ne nous trahissons pas.

EMMELINE.

Le comte Adolphe... neveu du grand-duc.

ADOLPHE.

C'est bien cela!... Que lui voulez-vous?

EMMELINE.

Rien, monsieur, mais je voudrais bien savoir ce que l'on dit de lui, et vous-même ce que vous en pensez?

ADOLPHE.

Quoi! vraiment, vous me demandez mon opinion. (A part.) Eh bien! la situation est originale... (Haut.) En honneur, mon enfant, il me sera difficile de vous répondre... car je ne suis pas bien sûr de le connaître; mais puisque vous l'exigez...

AIR.

Dans ses penchants inconstant et volage,
Son cœur léger, au plaisir asservi,
A tous les goûts, hors celui d'être sage ;
Voilà, voilà ce que l'on dit de lui.

A la cour, de lui l'on vante
Plus d'une aventure galante ;
Pourtant Adolphe est très-discret,
Des amants c'est le plus discret ;
Mais quoiqu'il garde le secret,
Ce secret bientôt à la ronde
Devient celui de tout le monde.

Est-ce sa faute ? Inconstant et volage,
Son cœur léger, au plaisir asservi,
A tous les goûts, hors celui d'être sage :
Voilà, voilà ce que l'on dit de lui.

EMMELINE.

Comment ! monsieur...

ADOLPHE.

Voilà ce que disent les envieux ! mais notez que cela n'est pas vrai... C'est au contraire un excellent garçon, un joli cavalier, aussi aimable que modeste.

EMMELINE.

A la bonne heure... j'en étais sûre...

ADOLPHE.

Mais vous allez me dire maintenant d'où vient l'intérêt que vous lui portez, et pourquoi ces informations...

EMMELINE, voulant sortir.

Non, monsieur... cela m'est impossible.

ADOLPHE, la retenant.

Il le faudra pourtant bien, car je ne vous quitte pas qu'à votre tour vous ne m'ayez aussi répondu... (A Emmeline qui veut lui échapper.) Allons, il faut satisfaire ma curiosité.

SCÈNE VI.

Les mêmes ; GROMLER.

GROMLER.

Eh bien ! monsieur, qu'est-ce que je vois là ?

ADOLPHE, se retournant.

Eh! c'est mon gouverneur... vous voilà donc retrouvé? (Regardant Emmeline qui a profité de ce mouvement pour s'enfuir et pour rentrer dans la maison.) Eh bien! je l'aurais parié, vous lui avez fait peur... une jeune fille charmante avec laquelle j'étais à causer, et je suis sûr que dans toute leur chasse ces messieurs n'ont point fait d'aussi jolie rencontre.

GROMLER.

Une belle occupation pour un seigneur de votre âge! et si votre oncle, si monseigneur vous avait aperçu... que n'aurait-il pas dit?... lui qui est si rigide sur les mœurs!

ADOLPHE.

Je ne crains rien... vous étiez là... vous m'auriez justifié.

GROMLER.

Qu'est-ce à dire, monsieur?

ADOLPHE.

Oui, mon cher Gromler, ne vous fâchez pas. Depuis deux ans je sais votre secret... et puisque me voilà majeur, puisque bientôt votre tâche est terminée, je puis vous l'avouer... Mon cousin Albert et moi avons été confiés à vos soins, et en vous nommant notre gouverneur, le grand-duc, pour stimuler votre zèle et votre surveillance, vous a promis une place de conseiller si à l'époque de notre majorité nous ne lui avions donné aucun sujet de plainte.

GROMLER.

Quoi! monsieur, on a eu la légèreté de vous confier...

ADOLPHE.

Rassurez-vous; c'est vous-même qui, à la suite d'un dîner diplomatique, avez un jour oublié votre discrétion ordinaire... c'était une imprudence... les secrets d'État ne devraient jamais dîner en ville. Quoi qu'il en soit, je n'ai point abusé de celui-ci, mais j'en ai tiré parti, et je l'ai employé avec succès. Ainsi, dans le cours de nos voyages, malgré mes dissipations, mes folies, j'étais tranquille, je

comptais sur vous. Il fallait voir avec quels soins vous en
dérobiez la connaissance à Son Altesse ! et mes dettes, car
j'en ai fait pas mal, je crois que vous les auriez payées de
votre argent plutôt que de faire contre moi le plus petit rapport... de sorte que sous votre égide, et à la faveur de mon
gouverneur, j'ai été mauvais sujet impunément et à la satisfaction générale... mes ennemis naturels étaient devenus
mes alliés.

GROMLER, sévèrement.

Monsieur, monsieur !...

ADOLPHE.

Qu'est-ce que c'est ?

GROMLER.

Monsieur, je vous prédis que vous ferez un jour un profond politique.

ADOLPHE.

Tant mieux pour vous, mon gouverneur : cela vous fera
de l'honneur.

GROMLER.

Et vous avez sans doute fait part de cette découverte à
Albert votre cousin ?

ADOLPHE.

Non, je vous le proteste. Il n'en avait pas besoin : il est
trop sage, trop raisonnable ; c'est la vertu même, et il est
bien étonnant qu'étant tous deux à la même école...

GROMLER.

Cela prouve, monsieur, que le caractère...

ADOLPHE.

Fait beaucoup plus que le gouverneur : ce fut toujours
mon opinion. Mais dites-moi donc où est Albert ? Il voyage
encore, je le présume ; personne à la cour ne s'en doute,
excepté vous, qui savez probablement...

GROMLER.

Oui, certes, mon élève a trop de confiance en moi pour

ne pas me faire part des projets... Mais, vous qui êtes si adroit, vous ne soupçonneriez pas?... (A part.) Cela me rendrait service !

ADOLPHE.

Non, je vous le dirais... Mais, puisque vous savez le lieu qu'il habite, écrivez-lui de ma part de ne pas revenir, parce que sa présence dérangerait ici tous nos projets... c'est un grand secret qu'il faudra que je vous confie... (Tirant sa montre.) mais plus tard, car voici le rendez-vous de chasse, et je cours rejoindre Son Altesse.

GROMLER, le retenant.

Un instant, monsieur, un instant ; vous pouvez toujours me dire ces deux mots...

ADOLPHE.

On attend ici mon cousin Albert pour épouser Blanche de Symmeren.

GROMLER.

Et le même jour on doit vous marier à la baronne de Bernbourg... c'est l'intention formelle de Son Altesse.

ADOLPHE.

Oui, mais ce n'est pas la mienne... Je ne peux pas souffrir la baronne, qui est affreuse, et j'adore Blanche de Symmeren.

GROMLER.

O ciel! la fiancée, la future de votre cousin !

ADOLPHE.

Ce serait celle de mon oncle que cela n'y ferait rien. Je l'aimais depuis longtemps, et c'est moi que l'on a chargé d'aller à la cour de son père pour la demander en mariage ! Vous sentez qu'il a fallu toute ma prudence pour ne pas refuser.

GROMLER.

Vous avez bien fait, mon ami, vous avez bien fait ; vous m'auriez compromis d'une manière étrange...

ADOLPHE.

Mais c'est égal, je crois que Blanche est sensible à mon amour, et que je ne lui suis pas indifférent... et si Albert veut m'aider par son absence, s'il ne revient pas, il y aura moyen, malgré le grand-duc lui-même, de rompre ce mariage, et je compte sur vous, mon gouverneur...

GROMLER.

Moi ! monsieur, vous pouvez supposer...

ADOLPHE.

Oui, oui, je vous connais! Tantôt nous nous entendrons là-dessus... je cours rejoindre le quartier général...

(Il sort.)

SCÈNE VII.

GROMLER, seul.

O ma place!... ô ma place!... que j'aurai de peine à vous conquérir!... L'aider à rompre ce mariage... engager Albert à ne point revenir à la cour... lorsque depuis huit jours le grand-duc m'a donné l'ordre positif de rappeler mon élève... Et c'en est fait de mon emploi de conseiller et de toutes mes espérances, si aujourd'hui même il n'est pas de retour au palais... Mais où est-il? où le trouver? je vous le demande; car malgré l'assurance que j'affecte avec tout le monde... je dois convenir ici que je n'en sais rien... il m'a prévenu seulement qu'il partait pour quelques jours, et je n'ai pas osé le lui défendre... On ne sait pas combien les fonctions de gouverneur sont délicates, surtout quand il s'agit d'un prince, d'un héritier présomptif!

COUPLETS.

Premier couplet.

Pour braver l'orage qui gronde
Et ménager tous les partis,

Pour être ami de tout le monde
Et rester enfin où je suis,
Daignez me conseiller, de grâce,
  Girouettes de nos jours,
Vous qui tournez, tournez toujours,
Et qui toujours restez en place.

Deuxième couplet.

Entre le prince et le monarque,
Et l'avenir et le présent,
Avec art conduisons ma barque,
Et pour savoir d'où vient le vent,
Daignez me conseiller, de grâce,
  Girouettes de nos jours, etc.

Troisième couplet.

Servons donc, quel sort est le nôtre !
Mon élève et mon souverain,
Car l'un règne aujourd'hui, mais l'autre
Peut-être régnera demain !
Par là j'imite votre audace,
  Girouettes de nos jours, etc.

SCÈNE VIII.

GROMLER, ALBERT.

ALBERT, à part.

Il y a du monde dans la forêt... il ne serait pas prudent d'y rester... rentrons...

GROMLER.

O ciel ! en croirais-je mes yeux ?... le prince lui-même sous ce déguisement !

ALBERT.

C'est vous, Gromler !... de grâce, taisez-vous.

GROMLER.

Je me tais, mon prince... Mais comment se fait-il ?... nous étions tous d'une inquiétude... moi surtout.

ALBERT.

Donnez-moi des nouvelles... Que se passe-t-il à la cour? Mon père doit être furieux contre moi.

GROMLER.

Il devrait l'être, mais grâce à moi il ne sait rien... Pour motiver votre longue absence je l'ai prévenu que vous vouliez, afin d'achever votre éducation, faire seul et incognito un voyage en France.

ALBERT.

C'est bien, tu m'as sauvé... Mais comment a-t-il interprété mon silence?

GROMLER.

J'y ai suppléé... tous les huit jours j'étais censé recevoir une lettre de vous... et je donnais de vos nouvelles.

ALBERT.

O mon ami... quelle reconnaissance je te dois!

GROMLER.

Je rendais compte à votre père de votre voyage, de vos observations critiques, je lui parlais de vos aventures; et, à propos de cela, je vous préviendrai de ce qui vous est arrivé, car encore faut-il que vous soyez au fait!

ALBERT.

Et, comme on me l'a assuré, est-il vrai que Blanche de Symmeren soit arrivée?

GROMLER.

Oui, monseigneur... et tout s'apprête pour vos noces.

ALBERT.

Mes noces! Adieu... je m'en vais.

GROMLER.

Ne vous en avisez pas... (A part.) ce n'est pas là mon affaire.

ALBERT.

Tu m'as donné trop de marques d'amitié pour que je n'aie

pas confiance en toi... Apprends que cet hymen est impossible... je suis marié.

GROMLER.

Marié!... (A part.) C'est fait de moi.

ALBERT.

Secrètement et sous un nom supposé.

GROMLER.

Le mariage est nul.

ALBERT.

Non pas pour moi.

GROMLER.

Mais pour votre père... qui n'y consentira jamais. Vous n'aviez aucun droit de disposer de vous-même; le rang que vous occupez... votre âge même s'y opposent, car c'est d'aujourd'hui seulement que vous atteignez votre majorité... Il y a donc mille raisons pour faire casser votre mariage.

ALBERT.

Je le sais comme toi... Que faut-il donc faire?

GROMLER.

Garder sur tout ceci le plus profond silence... mais reparaître à la cour... c'est l'essentiel... y retourner aujourd'hui même, sur-le-champ.

ALBERT.

A quoi bon?

GROMLER.

A quoi bon, à quoi bon? Parce que, quand vous y serez, vous servirez plus utilement vos intérêts qu'en restant ici sous ce déguisement... Il faut fléchir votre père, et ce n'est pas en l'irritant contre vous et contre moi que vous y parviendrez.

ALBERT.

Tu as peut-être raison.

GROMLER.

Alors partez à l'instant... car on vient de ce côté, et si l'on vous apercevait tout serait perdu.

ALBERT.

Je veux au moins dire adieu à celle que j'aime.

GROMLER.

Je m'en charge !

ALBERT.

Mais tu ne la connais pas.

GROMLER.

C'est égal ! vous me donnerez vos ordres... mais, de grâce, éloignez-vous !

ALBERT.

Adieu... adieu... surtout le plus profond secret !

(Il sort.)

SCÈNE IX.

GROMLER, seul.

Certes, ce n'est pas moi qui vous trahirai ! O ma place ! Grâce au ciel, il retourne au palais... Me voilà tranquille ; c'est aujourd'hui qu'il est majeur... et c'est aujourd'hui que je suis nommé. Une charge dans la magistrature, c'est inamovible... et après cela, que les explications aient lieu, qu'on se brouille, qu'on s'arrange, ça m'est égal... je ne suis plus responsable, je suis retiré des affaires, et le fauteuil de conseiller est un port où l'on peut dormir après l'orage... C'est le prince et toute la cour.

SCÈNE X.

GROMLER, LE GRAND-DUC, BLANCHE, ADOLPHE, Paysans et Chasseurs.

LE CHOEUR.

Chasseur intrépide,
Qui d'un pas rapide
Parcourez ces lieux,
Le temps nous seconde,
Que le cor réponde
A nos cris joyeux.

ADOLPHE, regardant Blanche à qui il donne la main.

Que cette chasse est agréable !

LE GRAND-DUC.

Oui, c'est un plaisir enchanteur !

GROMLER.

Je pense comme monseigneur !

BLANCHE.

Quant à moi, la chaleur m'accable !

ADOLPHE, aux villageois qui sont près de lui.

Courez donc, mes amis :
Là, dans cette chaumière,
Vous trouverez, j'espère,
Du laitage et des fruits.

LE CHOEUR.

Chasseur intrépide, etc.

LE GRAND-DUC.

Mon fils manquait seul à cette partie de plaisir, mais j'espère qu'aujourd'hui même nous le reverrons. (A Gromler.) Vous lui avez fait part de mes intentions ?

GROMLER.

Vous ne pouviez douter de son obéissance ni de la mienne ; mon auguste élève, plein de respect pour son gouverneur, a quitté la France au reçu de ma dernière lettre... Il vient d'arriver et vous attend au palais.

BLANCHE, à part.

Ah! mon Dieu!

ADOLPHE, de même.

Que dit-il? (Bas à Gromler.) Est-ce là ce que vous m'aviez promis?

LE GRAND-DUC.

C'est bien, Gromler! je suis content. Messieurs, je vous invite pour aujourd'hui à une double cérémonie... C'est ce soir que mon fils épousera Blanche de Symmeren, et mon neveu la baronne de Bernbourg.

ADOLPHE.

Quoi! Votre Altesse voudrait que le jour même de l'arrivée de mon cousin...

GROMLER.

Oui... aujourd'hui... c'est bien près, (A part.) surtout pour les explications. (Haut.) Mais il me semble que demain...

LE GRAND-DUC, sévèrement.

Je n'ai pas l'habitude de revenir sur les décisions que j'ai prises, ni de rien changer aux ordres que j'ai donnés. (A un des seigneurs de la suite.) Werner, vous les ferez exécuter, et que tout soit prêt pour ce soir.

GROMLER.

Je prie monseigneur de croire que ce que j'en ai dit était par forme de conversation, car du reste je pense exactement comme Son Altesse. Mais on a préparé là-dedans une collation pour Votre Altesse et pour sa suite.

LE GRAND-DUC.

Grand merci, mes amis... Blanche, venez-vous?

BLANCHE.

Non, monseigneur... le grand air me fait du bien, j'aime autant rester... et puis, je ne suis pas enthousiaste des repas de paysans.

LE GRAND-DUC.

Les paysans sont mes sujets, mes enfants... ils sont comme vous de ma famille... ce sont leurs travaux qui subviennent à nos dépenses et à nos fêtes... et nous pouvons bien aujourd'hui encore accepter un repas de ceux qui nous nourrissent tous les jours... (Aux paysans.) Mes enfants, je vais me mettre à table avec vous.

(Il entre dans la chaumière.)

TOUS LES PAYSANS, le suivant.

Vive monseigneur !

GROMLER.

Oui, sans doute, et je vais aussi me mettre à table.

(Ils entrent tous dans la chaumière, excepté Adolphe et Blanche.)

SCÈNE XI.

ADOLPHE, BLANCHE.

BLANCHE.

Vous voyez, monsieur, combien je suis bonne ; je viens de m'exposer à la colère de votre oncle et de subir une leçon de morale, exprès pour rester un instant avec vous et vous faire mes adieux.

ADOLPHE.

Vos adieux !

BLANCHE.

Eh ! mais... je crois que c'est le moment ou jamais, puisque aujourd'hui je vais épouser votre cousin le prince Albert.

ADOLPHE.

Et vous me dites cela froidement, tranquillement ! vous laisserez ainsi contraindre votre volonté ?

BLANCHE.

D'abord, en thèse générale, les princesses n'ont pas de volontés ; les princes... je ne dis pas ; et quelles qu'elles soient, il faut bien s'y soumettre quand on ne peut pas faire autrement.

ADOLPHE.

Ah! si vous le vouliez! il y aurait bien des moyens.

BLANCHE.

Et lesquels?

ADOLPHE.

D'avouer la vérité à mon cousin Albert, de lui dire que vous ne l'aimez pas; et, je le connais, il est trop bon, trop généreux, pour ne pas renoncer à votre main quand il saura que vous en aimez un autre.

BLANCHE.

Mais d'abord il faudrait être sûre que j'en aime un autre.

ADOLPHE.

Ah! vous voulez me réduire au désespoir.

BLANCHE.

Eh bien, non! je veux bien me persuader qu'il en est ainsi! Mais en admettant cette supposition...

ADOLPHE, avec colère.

Une supposition!

BLANCHE.

Eh bien! une vérité, si vous le voulez, ne disputons pas sur les mots! qu'en arrivera-t-il? que je serai libre... moi! que je n'épouserai pas le prince Albert; mais cela vous empêchera-t-il d'épouser la baronne de Bernbourg? J'ai entendu dire que, sujette fidèle et soumise, elle n'était nullement disposée à la révolte et paraissait très-décidée à obéir aux ordres du grand-duc.

ADOLPHE, avec mauvaise humeur.

Je crois bien! elle m'adore.

BLANCHE.

Toujours avantageux!

ADOLPHE.

Mon Dieu ! ce que j'en dis n'est pas par amour-propre, c'est par désespoir ! elle n'aura jamais la générosité de renoncer à moi.

BLANCHE.

Vous voyez alors que j'avais raison... qu'il faut nous résigner, moi à mon sort, et vous... à votre baronne.

ADOLPHE.

J'irai me jeter aux pieds de mon oncle, je lui peindrai ma douleur et la vôtre.

BLANCHE.

Eh bien ! par exemple...

ADOLPHE.

Je parviendrai à le fléchir.

BLANCHE.

Jamais ! il ne revient pas sur ses résolutions ; c'est un grand-duc philosophe et obstiné, un prince qui tient à ses idées et à sa parole, et ce soir même...

ADOLPHE.

Plutôt mourir !... (s'arrêtant.) Mourir ! ah ! mon Dieu ! quelle idée ! (Prenant sa résolution.) Eh bien ! au fait, il n'y a pas d'autre moyen... avec mon oncle c'est la seule manière de gagner du temps... Voilà votre mariage qui est suspendu, voilà le mien ajourné indéfiniment... et d'ici là les événements...

BLANCHE.

Qu'allez-vous faire ? Adolphe, je vous en supplie, n'allez pas exposer vos jours... mon repos... mon bonheur.

ADOLPHE, avec joie.

Vous m'aimez donc ! vous en convenez !

BLANCHE.

Eh bien ! oui ; mais pas de folie, pas d'extravagance.

ADOLPHE.

Au contraire !... un projet combiné avec une sagesse... c'est pour cela qu'on ne pourra jamais soupçonner... mais il me faudrait quelqu'un qui jouerait son rôle, qui me seconderait enfin, ce que nous appelons un compère. (Apercevant Gromler qui sort de la chaumière.) Ah ! mon gouverneur !...

SCÈNE XII.

Les mêmes ; GROMLER.

ADOLPHE.

Gromler... venez vite, j'ai à vous parler... un projet victorieux et décisif pour rompre mon mariage... pour tromper Son Excellence... mais je ne puis rien sans vous.

GROMLER.

Qu'est-ce que c'est, monsieur ?

ADOLPHE.

Du silence ! c'est le dernier service que j'attends de vous... mais il faut me le rendre, ou je cours avouer à mon oncle toutes mes extravagances passées... mes désordres, mes dissipations.

BLANCHE.

Comment, monsieur !

ADOLPHE, à mi-voix.

Ce n'est pas vrai ; c'est pour l'effrayer.

GROMLER.

Qu'allez-vous faire ? me compromettre...

ADOLPHE.

Le ciel m'en préserve !... mais cela dépend de vous... Venez, je vais vous expliquer... et vous, madame, quoi qu'il arrive, quoi qu'il vous raconte, ne vous effrayez pas, et surtout ne croyez rien de ce que vous dira mon gouverneur.

(Il sort avec Gromler par la droite.)

SCÈNE XIII.

LE GRAND-DUC, BLANCHE, EMMELINE, Villageois, Suite
du prince.

FINALE.

LE CHOEUR.

Chantons ce prince, objet de notre amour,
Chantons l'honneur qu'il nous fait en ce jour!

EMMELINE, lui présentant des fleurs.
Gloire au roi qui de ses sujets
Avant tout veut être le père!
On le vante dans les palais,
On le bénit dans la chaumière.

LE GRAND-DUC, à Emmeline.
Je veux, ma belle enfant, revenir dans ces lieux.
(A Blanche, en la lui montrant.)
Que sa grâce naïve a d'attraits à mes yeux!

SCÈNE XIV.

Les mêmes; GROMLER, rentrant par la droite.

GROMLER, affectant un grand effroi.
Ah! monseigneur, ah! grand Dieu!
Ah! quelle nouvelle effroyable!
(Bas à Blanche.)
Ne craignez rien... c'est une fable!
(Haut.)
Le comte Adolphe...

LE GRAND-DUC.
    Mon neveu...

TOUS.

Eh bien donc! achevez, de grâce!

EMMELINE, à part.

De frayeur tout mon sang se glace!

GROMLER, hésitant et cherchant ses mots.

Soit le dépit... le désespoir...
Vous savez comme moi quel est son caractère!
Soit son imprudence ordinaire...
Un villageois vient de le voir
S'élancer sur un roc élevé... son pied glisse...
Et le voilà qui roule au fond d'un précipice.

EMMELINE, poussant un cri.

Grands dieux!

GROMLER.

En vain l'on a couru!
A tous les yeux il avait disparu!...

Ensemble.

EMMELINE.

O désespoir extrême!
Pour moi plus d'avenir!
J'ai perdu ce que j'aime,
Je n'ai plus qu'à mourir.

BLANCHE.

Je ris malgré moi-même,
Et, j'en dois convenir,
D'un pareil stratagème
Je ne puis revenir.

GROMLER.

Hélas! malgré moi-même
Il m'a fallu mentir;
D'un pareil stratagème
On pourra me punir.

LE GRAND-DUC.

Adolphe, ô toi que j'aime!
O funeste avenir!

A mon amour extrême
On vient de te ravir.

LE CHŒUR.

Perdre un neveu qu'il aime !
O funeste avenir !
Oui, de mon trouble extrême
Je ne puis revenir.

EMMELINE.

Ah ! puisse la mort qui m'est chère
Tous deux bientôt nous réunir !

BLANCHE.

Que dit-elle ?

EMMELINE.

Plus de mystère !
Puisqu'Adolphe n'est plus, je puis tout découvrir !

LE GRAND-DUC.

Que faites-vous ?

EMMELINE.

Je viens braver votre colère ;
Punissez-moi, seigneur : il était mon époux.

BLANCHE.

Votre époux !

TOUS.

Son époux !

GROMLER, à part.

Dieu ! quelle découverte !

BLANCHE, à part.

Dieu ! quelle trahison !

GROMLER, de même.

Il a juré ma perte !

LE GRAND-DUC, à Emmeline.

Levez-vous...

(A sa suite.)

Épargnez sa douleur à mes yeux.

BLANCHE, à Emmeline.

Oui, venez avec moi.

GROMLER, à part, avec désespoir.
Mariés tous les deux !...

Ensemble.

EMMELINE.

O désespoir extrême !
Pour moi plus d'avenir !
J'ai perdu ce que j'aime,
Je n'ai plus qu'à mourir.

GROMLER.

Quel embarras extrême !
Que vais-je devenir ?
D'un pareil stratagème
C'est moi qu'on va punir.

BLANCHE.

De ma surprise extrême
Je ne puis revenir ;
Mais me tromper moi-même !...
Je saurai l'en punir.

LE GRAND-DUC.

Quelle surprise extrême !
Mais puis-je la punir ?
Lorsque l'époux qu'elle aime,
Hélas ! vient de périr.

LE CHOEUR.

Quelle surprise extrême !
Mais comment la punir ?
Lorsque l'époux qu'elle aime,
Hélas ! vient de périr.

(Les villageois sortent par la gauche ; le prince, sa suite et Emmeline, par le fond, suivis de Blanche et Gromler à qui elle adresse des reproches.)

2.

ACTE DEUXIÈME

Un appartement du palais. — Portes au fond et portes latérales. Au fond du théâtre, un trône élevé de plusieurs marches.

SCÈNE PREMIÈRE.

GROMLER, EMMELINE.

GROMLER.

Oui, c'est l'ordre du grand-duc, qui veut offrir un asile près de lui à la veuve de son neveu; attendez-moi ici, je vais prévenir Son Altesse et reviens vous chercher.

(Il sort par la porte à droite.)

EMMELINE, seule, et regardant autour d'elle.

AIR.

Qui, moi... dans ce palais on me verrait paraître !
Non, je n'y puis rester, mais de mon noble maître
　Comment repousser les bienfaits ?
　Ah ! si j'osais... je lui dirais :

　Laissez-moi, je vous en conjure,
　Livrée à mes justes douleurs ;
　Je veux une retraite obscure,
　Où je puisse cacher mes pleurs.

　　Douleur extrême !
　　Vœux superflus !
　　O toi que j'aime,
　　Et qui n'es plus !
　　A toi j'engage
　　Toujours ma foi,

Et ton image
Est avec moi.

Oui, cette main que la tienne a pressée
A toi seul doit appartenir ;
Pour toi sera ma dernière pensée,
Ainsi que mon dernier soupir.

Douleur extrême ! etc.

GROMLER, rentrant.

Venez, venez : le grand-duc, qui paraît fort agité, désire vous parler. (A part.) Qu'est-ce que cela va devenir ? je tremble pour moi et pour ma place !

(Il sort avec Emmeline par la porte à droite au moment où entre par fond la foule des courtisans.)

SCÈNE II.

PLUSIEURS PERSONNES DE LA COUR et GENS DU PALAIS.

LE CHŒUR.

Après trois mois d'absence,
Il revient dans ces lieux;
Célébrons sa présence
Par nos chants et nos jeux !

De sévères devoirs attristaient ce séjour,
Qu'avec lui les plaisirs reviennent à la cour !

SCÈNE III.

LES MÊMES ; ALBERT, en costume de cour, entrant entouré de
PLUSIEURS COURTISANS.

ALBERT.

Merci, mes chers amis, un accueil aussi tendre
De mon cœur enchanté comble tous les désirs;
De cette fête où l'on veut bien m'attendre,

J'irai plus tard partager les plaisirs.
(A part.)
Hélas! au fond du cœur, je ne puis m'en défendre,
Tout vient me rappeler de cruels souvenirs.

LE CHOEUR.

Après trois mois d'absence, etc.

(Ils sortent tous par la porte à droite et l'on entend par intervalles le bruit de la fête.)

SCÈNE IV.

ALBERT, seul, fait quelques pas d'un air mélancolique, puis regarde autour de lui tous les objets qui l'environnent.

ROMANCE.

Premier couplet.

Palais pompeux, riches demeures,
Ne valent pas l'humble séjour
Où s'écoulaient toutes mes heures
Avec Emmeline et l'amour.
Oui, près de celle qui m'est chère,
Naguère je disais : Hélas !
Plaisirs des rois ne valent pas
Un seul jour de bonheur passé dans la chaumière !

Deuxième couplet.

Qui me rendra sa voix si pure
Et ses regards si séduisants?
Qu'elle était belle sans parure,
Fraîche comme la fleur des champs!
Seigneurs et princes de la terre
En la voyant diraient tout bas :
Plaisirs des rois ne valent pas
Un seul jour de bonheur passé dans la chaumière !

SCÈNE V.
ALBERT, HERMAN.

HERMAN.

On fait demander à Son Altesse à quelle heure elle veut que s'assemble le conseil.

ALBERT, préoccupé.

A quelle heure... et pourquoi ?

HERMAN.

Vous savez bien qu'aujourd'hui, jour de votre majorité, c'est vous qui devez le présider ; du moins ce sont les ordres de monseigneur votre père.

ALBERT.

C'est juste, et je te remercie de me l'avoir rappelé ; dis à ces messieurs qu'aujourd'hui à trois heures j'aurai ici l'honneur de les recevoir.

HERMAN, saluant et prêt à sortir.

Oui, monseigneur. (Revenant.) J'oubliais de vous dire qu'il y a aussi une personne qui désire ne pas être connue et qui supplie Votre Altesse de vouloir bien lui accorder sur-le-champ un instant d'audience.

ALBERT.

Faites entrer, et laissez-nous !

(Herman sort, faisant signe à l'étranger d'entrer.)

SCÈNE VI.
ALBERT, ADOLPHE, enveloppé d'un manteau.

ALBERT.

Que me voulez-vous, monsieur, et pourquoi ce mystère ?

ADOLPHE, ouvrant son manteau.

Enfin nous sommes seuls.

ALBERT, courant à lui.

C'est Adolphe! c'est mon cousin!

ADOLPHE.

Oui, mon ami; dépêchons-nous de nous embrasser, car il a fallu toute l'amitié que je te porte pour m'exposer ainsi!... apprends donc que depuis deux heures je suis mort, et c'est pour toi que je reviens.

ALBERT.

Quelle est cette nouvelle extravagance?

ADOLPHE.

Un moyen d'échapper à l'hymen dont je suis menacé... il est des époux au désespoir qui se tuent après leur mariage; moi j'ai commencé par là... on a la noce de moins, c'est toujours cela de gagné!

ALBERT.

Quelle imprudence! et que dira mon père quand il connaîtra enfin?...

ADOLPHE.

Il ne le saura que dans deux ou trois mois, et il sera alors trop heureux de retrouver un neveu qu'il aime... D'ici là la baronne aura trouvé un autre époux... elle est très-riche... et en ne la regardant qu'au travers de la dot c'est un parti éblouissant... Moi, pendant ce temps je voyagerai en pays étranger, incognito, sans faste, sans éclat, et d'une manière conforme à ma nouvelle condition; mais, quoique défunt, encore faudra-t-il vivre et je venais m'adresser...

ALBERT.

Je comprends; voilà pourquoi tu viens ainsi...

ADOLPHE.

C'est la vérité... de mon vivant je n'ai jamais fait d'économies, et puis je ne m'attendais pas à mourir si vite, de sorte que je n'ai pas mis ordre à mes affaires...

ALBERT.

Que te faut-il?

ADOLPHE.

Mes frais de voyage... cinq ou six cents ducats; plus, si tu veux...

ALBERT.

Tu les auras, ce soir, avant ton départ, quand je devrais les emprunter...

ADOLPHE.

Si tu es dans l'embarras, adresse-toi à notre gouverneur, il te trouvera cela; c'est toujours lui qui se chargeait pour moi...

ALBERT.

Vraiment... je ne m'en doutais pas... mais pars vite... dérobe-toi à tous les yeux et attends-moi ce soir sur les remparts.

ADOLPHE.

Mon ami, mon excellent cousin, un mot encore, car ta générosité m'accable, et je sens des remords... Tu dois penser que si je refuse la baronne c'est que j'ai d'autres projets... une autre inclination... et tu ne m'interroges pas là-dessus?

ALBERT.

Je respecte ton secret.

ADOLPHE.

Eh bien! tu as tort, tu aurais déjà dû me demander le nom de celle que j'aime.

ALBERT.

Et pourquoi ?

ADOLPHE.

C'est que de moi-même je n'ai pas la force de te l'avouer; après ce que tu fais pour moi, il me semble qu'il y a de l'ingratitude.

ALBERT, avec joie.

Que veux-tu dire... et quel soupçon !... Est-ce que tu aimerais Blanche de Symmeren, ma prétendue?

ADOLPHE.

Hélas! oui...

ALBERT.

Dieu soit loué! mon ami, mon cher Adolphe... nous sommes quittes, ou plutôt c'est moi qui te dois de la reconnaissance.

ADOLPHE.

Quoi! vraiment... ce mariage te contrariait?...

ALBERT.

Plus que je ne peux te dire, et je cherchais les moyens de le rompre.

ADOLPHE.

Eh bien! voyez comme cela se rencontre! ce que c'est que de s'entendre dans les familles... Apprends donc que Blanche était désolée de t'épouser, et la raison c'est qu'elle m'aime, c'est qu'elle m'adore.

ALBERT.

A merveille... mais va-t'en, car on vient de ce côté.

ADOLPHE.

C'est elle, je peux rester. Elle est au fait de mon stratagème... c'est d'accord avec elle... tu sens bien que d'après la tendresse que nous avons l'un pour l'autre...

ALBERT.

Taisons-nous... la voici!

SCÈNE VII.

Les mêmes; BLANCHE.

TRIO.

ADOLPHE.

Venez, rassurez-vous, madame;
Devant le meilleur des parents
Que, sans rien craindre, ici votre âme
Laisse éclater ses sentiments.

BLANCHE, passant entre eux deux.
Au prince dont chacun révère
L'honneur, la gloire et les talents,
Je puis sans crainte, et j'en suis fière,
Déclarer mes vrais sentiments.

ALBERT.
Que dites-vous?

BLANCHE.
Que votre père
Veut nous unir, et ce matin,
Quand il m'a déclaré son ordre souverain...

ADOLPHE.
Vous avez répondu...

BLANCHE.
Qu'une telle alliance
Ne coûtait rien à mon obéissance...

ALBERT et ADOLPHE.
O ciel!

BLANCHE.
Et qu'il pouvait disposer de ma main.

Ensemble.

BLANCHE.
Oui, du perfide que j'abhorre,
Je puis me venger à mon tour!
Tous mes chagrins, qu'il les ignore;
Je veux l'oublier sans retour!

ADOLPHE.
Voilà donc ce cœur qui m'adore,
Et qui me payait de retour!
Je n'en puis revenir encore,
Perdre en un jour autant d'amour!

ALBERT.
Voilà donc ce cœur qui l'adore,
Et qui le payait de retour!
Je n'en puis revenir encore,
Que deviendrai-je dans ce jour?

ADOLPHE, à Blanche.
Non, un pareil hymen ne s'achèvera pas!

BLANCHE.
Aujourd'hui du grand-duc tel est l'ordre suprême!

ADOLPHE.
Non, mon oncle ne peut l'ordonner le jour même
Où d'un neveu si cher il apprend le trépas!

BLANCHE.
Rassurez-vous, il connaît votre ruse.

ADOLPHE.
Qui m'a trahi?

BLANCHE.
C'est moi! D'un complot qui l'abuse
Je fus complice trop longtemps;
Il sait tout!

ADOLPHE.
Ah! qu'est-ce que j'entends!

BLANCHE.
Il sait par moi que vous vivez encore.

ADOLPHE.
Et c'est d'elle que vient pareille trahison!

BLANCHE, avec ironie.
J'ai rassuré tout ce qui vous adore...

ADOLPHE.
Ah! c'en est fait, j'en perdrai la raison.

Ensemble.

ADOLPHE.
Voilà donc ce cœur qui m'adore, etc.

BLANCHE.
Oui, du perfide que j'abhorre, etc.

ALBERT.

Voilà donc ce cœur qui l'adore, etc.

(A la fin de ce trio, Adolphe fait signe à Albert de s'éloigner et de le laisser avec Blanche ; Albert sort.)

SCÈNE VIII.

ADOLPHE, BLANCHE.

ADOLPHE, à part, au fond du théâtre.

Elle a beau dire, il est impossible qu'elle ne m'aime plus, et il y a quelque malentendu. (S'approchant de Blanche.) Vous avez tout confié à mon oncle ; je suis perdu, je le sais, rien ne peut me sauver de son ressentiment ; mais apprenez-moi du moins en quoi j'ai mérité votre colère, quel est mon crime ?

BLANCHE.

Je n'ai rien à vous dire, monsieur ; interrogez votre oncle et votre juge... car le voici.

SCÈNE IX.

Les mêmes; LE GRAND-DUC, GROMLER.

LE GRAND-DUC, à Adolphe.

Je vous trouve bien hardi, monsieur, d'oser encore vous présenter devant moi après l'indigne artifice auquel vous n'avez pas craint d'avoir recours.

GROMLER.

Monseigneur me rendra au moins la justice de croire que je n'y étais pour rien, et qu'abusé tout le premier par le récit de ce villageois...

LE GRAND-DUC.

Je le sais, Gromler, et je n'accuse que mon neveu.

ADOLPHE, à part.

C'est cela, personne ne veut plus être de mon parti. (Haut.) Eh bien! monseigneur, puisque tout m'abandonne, il faut donc vous avouer la vérité... Oui, je voulais par ce moyen éviter un hymen qui faisait mon malheur, et si vous saviez dans quels motifs...

LE GRAND-DUC.

Nous les connaissons, et c'est là ce qui vous rend le plus coupable à mes yeux... j'excuserais tout le reste.

ADOLPHE.

Que dites-vous?

LE GRAND-DUC.

Oui, je pourrais vous pardonner de m'avoir trompé, mais avoir lâchement abusé une jeune fille sans appui, sans défense!...

ADOLPHE, cherchant.

Une jeune fille... laquelle?... est-ce que, par hasard... mais non, ce n'est pas possible... et si c'est là le crime dont on m'accuse...

BLANCHE.

Quoi! vous prétendez nier?

ADOLPHE.

Oui, sans doute.

GROMLER, bas.

Avouez-le, monsieur, avouez-le sur-le-champ, puisque c'est connu.

ADOLPHE.

Non, parbleu!... j'avouerai toute autre chose si vous voulez... mais je défie bien que sur ce chapitre-là... on puisse me prouver...

BLANCHE, à part.

Le perfide!

LE GRAND-DUC.

C'en est trop; Gromler, amenez devant nous un témoin qu'il ne pourra récuser, et dont la présence doit le confondre...

GROMLER, bas à Adolphe.

Vous l'avez voulu... il le faut bien...

(Il sort un instant.)

LE GRAND-DUC.

Vous vous flattez en vain de l'impunité; malgré votre nom, malgré votre rang... je serai inexorable; vous l'épouserez.

ADOLPHE.

Moi, monseigneur!

LE GRAND-DUC.

Oui; l'on saura que dans ma cour il n'y a personne d'assez grand pour être au-dessus des lois!

SCÈNE X.

Les mêmes; EMMELINE, amenée par GROMLER.

FINALE.

GROMLER, amenant Emmeline.

Point de frayeur!... Approchez-vous, de grâce.

LE GRAND-DUC.

Oui, votre père est mort au champ d'honneur,
C'est à moi de tenir sa place,
Et d'être votre protecteur.

BLANCHE.

Sans crainte alors daignez répondre.

LE GRAND-DUC.

Oui, ma fille, remettez-vous;
Adolphe, mon neveu, n'est-il pas votre époux?

EMMELINE.

Il l'a juré du moins !

BLANCHE.

Venez donc le confondre,
(Montrant Adolphe.)
Car le voici !

EMMELINE, avec joie.

Que dites-vous ?

(S'avançant.)
Grand Dieu ! ce n'est pas lui !

ADOLPHE.

Vous l'entendez !

GROMLER.

Que le ciel soit béni !
J'étais bien sûr que d'un crime semblable
Mon élève était incapable !

LE GRAND-DUC.

Quoi cet époux...

EMMELINE.

Ce n'est pas lui !

BLANCHE.

Que vous aimiez ?

EMMELINE.

Ce n'est pas lui !

LE GRAND-DUC.

Qui vous trahit ?

EMMELINE.

Ce n'est pas lui !

Ensemble.

ADOLPHE et GROMLER.

Quel est donc ce mystère ?
Quel est cet imposteur ?
Rien ne peut le soustraire
A ma juste fureur.

EMMELINE.

Quel est donc ce mystère ?
Quel est mon séducteur ?
Pourra-t-il se soustraire
A leur juste fureur ?

LE GRAND-DUC.

Quel est donc ce mystère ?
Quel est le séducteur ?
Rien ne peut le soustraire
A ma juste fureur.

BLANCHE.

Quel est donc ce mystère ?
Quel est son séducteur ?
Pourra-t-il se soustraire
A leur juste fureur ?

EMMELINE.

De mon destin quelle est l'horreur !
La plus misérable victime
Connaît du moins son séducteur ;
Et moi, dans le sort qui m'opprime,
J'ignore tout, hormis son crime,
Hormis ma honte et mon malheur.

LE GRAND-DUC.

Et moi je vous promets justice du perfide ;
Le conseil va se réunir,
Portez-lui votre plainte, il la doit accueillir.
Mon fils aujourd'hui même à ma place préside ;
Il doit monter un jour au trône où je m'asseois,
Pour protéger le faible et défendre ses droits.

EMMELINE.

Qui ?... moi... j'irais accuser ce que j'aime !

LE GRAND-DUC.

Oui, je veux au conseil vous présenter moi-même.

Ensemble.

ADOLPHE et GROMLER.

Quel est donc ce mystère ? etc.

EMMELINE.
Quel est donc ce mystère? etc.

LE GRAND-DUC.
Quel est donc ce mystère? etc.

BLANCHE.
Quel est donc ce mystère? etc.

(Entrent en ce moment deux huissiers à qui le grand-duc remet Emmeline; ils sortent avec elle par la porte à droite. — Adolphe et Blanche sont sur le devant du théâtre à gauche; le grand-duc, au fond, cause avec plusieurs seigneurs qui viennent d'entrer.)

BLANCHE.
J'entends la marche du cortége,
C'est le conseil...

ADOLPHE.
Encore un seul instant!
Vous m'accusiez, et j'étais innocent;
M'en voulez-vous encor?

BLANCHE.
Non, mais que deviendrai-je?
Dans mon erreur, dans mon dépit,
J'ai donné ma parole; au prince elle m'engage,
Et c'est ce soir le mariage.

ADOLPHE.
Comment faire à présent? le malheur me poursuit!

SCÈNE XI.

Les mêmes; des Gardes entrant les premiers; puis les Conseillers et les Personnes de la cour, qui se placent à gauche du spectateur. Hommes et Femmes du peuple qui garnissent tout le fond du théâtre; ALBERT, entrant par le fond.

MARCHE.

LE CHOEUR, au moment où Albert passe au milieu des conseillers.

De ce jour gardons la mémoire,
Voici notre prince chéri;

De son père il sera la gloire,
Et du trône il sera l'appui.

(Albert et tous les conseillers sont debout au fond du théâtre; le grand-duc est placé à droite.)

LE GRAND-DUC.
Messieurs, asseyez-vous de grâce,
(A Albert, lui montrant le dais royal qui est élevé de quelques marches.)
Et toi, mon fils, sur ce trône prends place ;
Que toujours la justice y siége auprès de toi.
Sans elle, on n'est qu'un maître ; avec elle, on est roi.

SCÈNE XII.

Les mêmes; EMMELINE et GROMLER, sortant de la porte à droite près le fauteuil du grand-duc.

LE GRAND-DUC.
Viens, ma fille, avance sans crainte.

EMMELINE.
Eh quoi!... vous le voulez, seigneur?

LE GRAND-DUC, montrant son fils.
Au prince va porter ta plainte.

EMMELINE s'avance lentement, monte les degrés du trône, et, au moment où elle remet au prince le papier, elle redescend précipitamment.
Qu'ai-je vu?

ALBERT, la reconnaissant.
Je frémis!

LE GRAND-DUC, à Emmeline qui est revenue près de lui.
D'où vient donc ta frayeur?

EMMELINE.
Hélas! la force m'abandonne,
Je suis perdue! et sans retour.

LE GRAND-DUC.
Réponds!

3.

EMMELINE.
Malgré moi je frissonne !
(Etendant la main.)
Là... là...
LE GRAND-DUC.
Parmi les seigneurs de la cour ?
EMMELINE.
Je viens de voir...
LE GRAND-DUC.
Ton séducteur ?...
Eh bien ! va l'accuser, et parle sans frayeur,
C'est moi qui suis ton défenseur.

EMMELINE, s'approchant du trône.
O vous que le destin vient d'établir mon juge,
Espoir des malheureux, et leur dernier refuge,
Prince... quel châtiment mérite, selon vous,
Celui qui, profanant jusqu'aux noms les plus doux,
D'une pauvre orpheline a surpris la tendresse,
Par un faux hyménée a trompé sa jeunesse,
Et qui, l'abandonnant, lui ravit aujourd'hui
Tout, excepté l'amour qu'elle a gardé pour lui ?
Parlez... sur son destin que votre voix prononce ;
Sa victime à vos pieds attend votre réponse.

ALBERT.
Quel trouble !.. quel effroi dans mes sens agités !
(Retombant sur son fauteuil.)
Je voudrais... Je ne puis... Ah ! le remords m'accable.

LE GRAND-DUC.
Eh quoi ! mon fils, vous hésitez ?...
Je reprends donc mes droits pour punir le coupable.
(Se levant.)
La loi prononce qu'à l'instant
Il subisse son châtiment !
A moins que comme époux, aux pieds de sa victime,
Il n'implore soudain le pardon de son crime.
(Se retournant et voyant Albert qui est descendu du trône, et qui est aux
pieds d'Emmeline.)

Mon fils, que faites-vous ?

ALBERT.

Mon père,
J'exécute votre arrêt!

LE GRAND-DUC.

Grands dieux!... voilà donc le mystère
Qu'un fils ingrat me cachait !

Ensemble.

ALBERT.

O ciel ! que va-t-il faire ?
Quel trouble dans ses sens!
Punissez-moi, mon père,
C'est la mort que j'attends.

BLANCHE, GROMLER, ADOLPHE.

O ciel ! que va-t-il faire ?
Quel trouble dans ses sens !
Calmez votre colère,
Épargnez vos enfants.

LE CHOEUR.

O ciel ! que va-t-il faire ?
Quel trouble dans ses sens !
Hélas ! que sa colère
Pardonne à ses enfants !

LE GRAND-DUC, qui, pendant l'ensemble précédent, est resté plongé dans ses réflexions.

Vous avez bravé ma colère !
Votre père devrait punir...
Plus puissantes que moi, les lois que je révère
Me condamnent à vous unir.

LE CHOEUR.

O courage sublime
Dont nos cœurs sont émus !
D'un prince magnanime

Admirons les vertus !

(Pendant le chœur précédent Albert et Emmeline se sont précipités aux pieds du grand-duc et le supplient de leur pardonner ; le grand-duc hésite, les regarde avec émotion et finit par leur ouvrir ses bras.)

LE CHALET

OPÉRA-COMIQUE EN UN ACTE

En société avec M. Mélesville

MUSIQUE D'ADOLPHE ADAM.

Théatre de l'Opéra-Comique. — 25 Septembre 1834.

PERSONNAGES.	ACTEURS.

DANIEL, jeune fermier . . . . MM. Couderc.
MAX, soldat suisse. . . . . Inchindi.
BETTLY, sœur de Max . . . . Mme Pradher.

Soldats. — Paysans et Paysannes.

En Suisse, dans le canton d'Appenzel.

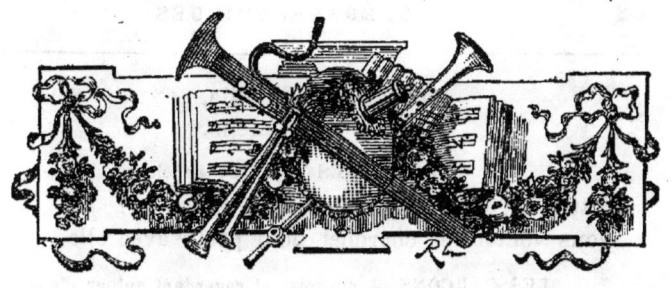

LE CHALET

L'intérieur d'un chalet. — Deux portes latérales, une porte au fond, qui s'ouvre sur la campagne, et laisse voir, dans le lointain, les montagnes d'Appenzel.

SCÈNE PREMIÈRE.

DES JEUNES FILLES et DES GARÇONS du canton, portant des hottes en bois blanc, remplies de lait.

INTRODUCTION.

LES JEUNES FILLES.

Déjà dans la plaine
Le soleil ramène
Filles et garçons,
Et laitière agile,
Partons pour la ville,
Quittons nos vallons.

LES GARÇONS.

Déjà dans la plaine
Le soleil ramène
Filles et garçons,
Et d'un pas agile,

Partons pour la ville,
Quittons nos vallons.

LES JEUNES FILLES, appelant.

Bettly! Bettly! comment n'est-elle pas ici?
Nous venions la chercher pour partir avec elle.

LES GARÇONS, à mi-voix, et regardant autour d'eux.

Au rendez-vous Daniel n'est pas fidèle,
Nous qui voulions rire de lui!

LES JEUNES FILLES.

Sans voir l'effet de notre ruse,
Il faut partir, il est grand jour.

LES GARÇONS.

Mais du faux hymen qui l'abuse,
Ce soir nous rirons au retour.

Ensemble.

LES JEUNES FILLES.

Déjà dans la plaine, etc.

LES GARÇONS.

Déjà dans la plaine, etc.

(Au moment où ils vont partir, Daniel paraît sur la montagne.)

SCÈNE II.

LES MÊMES; DANIEL.

LES JEUNES FILLES.

C'est lui, le voici, c'est Daniel,
Le plus beau garçon d'Appenzel.

LES GARÇONS, entre eux, à mi-voix.

Qu'il a l'air fier et satisfait!
Il a reçu notre billet.

DANIEL.

AIR.

Elle est à moi, c'est ma compagne;
Elle est à moi, j'obtiens sa main.

Tous nos amis de la montagne
Seront jaloux de mon destin.

Longtemps insensible et cruelle,
Bettly repoussa mon amour;
Mais je reçois ce billet d'elle,
Et je l'épouse dans ce jour.

Elle est à moi, c'est ma compagne;
Elle est à moi, j'obtiens sa main.
Tous les garçons de la montagne
Seront jaloux de mon destin.

Oh! bonheur extrême,
Enfin elle m'aime;
Je veux qu'ici même
Chacun soit heureux;
Que tout le village,
Qu'aujourd'hui j'engage
Pour mon mariage,
Accoure en ces lieux.

Que ce soir en cadence,
Et les jeux et la danse
Animent nos coteaux;
Que le hautbois résonne;
Venez tous, je vous donne
Le vin de mes tonneaux.

O bonheur extrême! etc.

Je suis riche, et ce que renferme
Mon cellier, ma grange ou ma ferme,
Prenez, prenez, tout est à vous,
Que tout soit commun entre nous.

Ensemble.

LES GARÇONS, à part.

Comme il est dupe, ah! c'est charmant.

LES JEUNES FILLES, à part.

C' pauvre garçon est si content!
Il me fait d' la peine, vraiment.

TOUS.

A ce soir! à ce soir!

DANIEL.

A ce soir, quel moment!

Ensemble.

LES GARÇONS et LES JEUNES FILLES, à part.

Ah! combien il l'aime!
Je ris en moi-même,
De l'erreur extrême
Qui trompe ses vœux.
(Haut.)
Oui, tout le village,
Que Daniel engage
Pour son mariage,
Viendra dans ces lieux.

DANIEL.

O bonheur extrême!
Enfin elle m'aime,
Je veux qu'ici même
Chacun soit heureux.
Que tout le village,
Qu'aujourd'hui j'engage
Pour mon mariage,
Accoure en ces lieux.

(Ils sortent par la porte du fond, en regardant Daniel, et en se moquant de lui.)

SCÈNE III.

DANIEL, seul et lisant.

J'ai là sa lettre, j'ai sa promesse. *Monsieur Daniel, je vous aime, et aujourd'hui je serai votre femme.* J'avoue que ça m'a étonné, parce que jamais mademoiselle Bettly ne m'avait donné d'espérance! au contraire; mais on dit que les jolies filles ont des caprices; et à ce titre-là, elle a le droit d'en avoir; ce n'est pas moi qui lui en voudrai! Je lui en veux seulement d'être sortie de si bonne heure; elle devait bien se douter que j'accourrais sur-le-champ! et Dieu sait si je me suis essoufflé à gravir la montagne! Après tout, elle a bien fait de se décider. Il y a si longtemps que je l'aime! et puis, comme on dit, les années arrivent pour tout le monde, et elle aurait été tout étonnée un de ces matins de se trouver une vieille fille! au lieu que ça fera une jeune femme! la plus jolie! la plus gracieuse! (Regardant.) Oh! la v'là! la v'là! c'est elle!

SCÈNE IV.

DANIEL, BETTLY.

BETTLY.

Tiens! c'est vous, monsieur Daniel? comment êtes-vous ici?

DANIEL.

C'te question! C'est moi, mademoiselle Bettly, qui vous demanderai comment n'y êtes-vous pas?

BETTLY.

Parce que le percepteur m'avait fait dire hier qu'il avait une lettre pour moi : ce ne pouvait être que de mon frère Max. Alors, dans mon impatience, je n'ai pas pu attendre. J'ai été la chercher; la voilà!

DANIEL, avec embarras.

Il se porte bien, M. Max? Il n'a pas été tué?

BETTLY.

Puisqu'il écrit...

DANIEL.

C'est vrai! c'est que les soldats, ça leur arrive souvent; lui surtout qui se bat depuis si longtemps!

BETTLY.

Voilà quinze ans qu'il nous a quittés! J'étais bien jeune;

mais je me rappelle encore le jour de son départ; quand, le sac sur le dos, il faisait ses adieux à mon père et à ma mère, qui vivaient alors, et que moi il me prit sur ses genoux en me disant : Adieu, petite sœur; si je ne suis pas tué, je reviendrai danser à ta noce.

DANIEL.

Ça se trouve bien!

BETTLY.

Comment cela?

DANIEL.

C'est-à-dire, non. Ça se trouve mal! parce que, quoique je tienne à faire la connaissance de M. Max, je ne me soucie pas d'attendre son retour pour notre mariage...

BETTLY.

Notre mariage! D'où te viennent ces idées-là?

DANIEL.

Pardi! de vous, mam'zelle... Car, moi aussi, (Déroulant sa lettre.) j'ai reçu une lettre, une lettre ben aimable, qui ne me vient pas d'un frère, mais d'une personne que je chéris plus que tout au monde, plus que moi-même!

BETTLY, avec surprise.

Eh bien?

DANIEL, déconcerté.

Eh bien! Vous me regardez là d'un air étonné. Vous savez bien que ce billet où l'on promet de m'épouser est signé de vous?

BETTLY, prenant la lettre.

De moi? ce n'est pas possible! et pour de bonnes raisons... D'abord, je ne sais ni lire ni écrire; c'est-à-dire je signe mon nom, et très-gentiment; mais ça n'est pas comme ça.

DANIEL.

Est-il possible! Cet amour, ce mariage, tout ce bonheur qu'il y avait là-dedans, vous ne l'avez pas promis? vous ne l'avez pas pensé?

BETTLY.

Non vraiment.

DANIEL.

Je suis donc fou! je perds donc la raison! Qu'est-ce que ça signifie?

BETTLY.

Ça signifie, mon pauvre garçon, que les jeunes filles ou les jeunes gens du village se sont moqués de toi et de moi!

DANIEL.

Quelle perfidie! quelle trahison! Je n'ai plus qu'à m'aller jeter dans le lac...

BETTLY, le retenant.

Y penses-tu?

DANIEL.

Savez-vous bien, mam'zelle, que je les ai tous invités à ma noce pour ce soir, que j'ai commandé les violons, que j'ai commandé le repas?

BETTLY.

O ciel!

DANIEL.

J'ai défoncé tous mes tonneaux; j'ai tué un bœuf, deux moutons, étranglé tous mes canards! Que voulez-vous, j'étais si heureux; je voulais que tout le monde s'en ressentît! Je n'y étais plus, je ne me connaissais plus; et ce n'est rien encore! j'ai fait bien plus que cela, j'ai couru chez le notaire...

BETTLY, effrayée.

Et tu l'as étranglé aussi?

DANIEL.

Non, mamzelle; mais je l'ai obligé sur-le-champ à me faire un contrat de mariage où je vous donne tout ce que je possède. Car je suis le plus riche du pays; j'ai trois cents vaches à la montagne, une fabrique et deux métairies. Et tout ça était à vous, ainsi que moi, par-dessus le marché. Je l'avais signé, le voilà; et, au lieu de cela, je suis perdu, déshonoré dans le canton! Ils vont me montrer au doigt.

BETTLY.

Et moi donc! m'exposer, me compromettre à ce point! A-t-on jamais vu une pareille extravagance? sans réfléchir, sans me consulter, croire à une pareille lettre!

DANIEL, timidement.

Dame! on croit si vite au bonheur! Et puis, tous ces gens-là qui vont se railler et se moquer de moi... Il nous serait si facile, si vous le vouliez, de nous moquer d'eux!

BETTLY.

Comment cela?

DANIEL.

En mettant seulement votre nom au bas de cette page...

BETTLY.

Y penses-tu? Tout serait fini, nous serions mariés.

DANIEL.

C'est justement ce que je veux!

BETTLY.

Et moi, je ne le veux pas; tu le sais bien. Je ne veux pas entendre parler de mariage, je l'ai juré.

DANIEL.

Et pourquoi cela?

BETTLY.

Pourquoi?

COUPLETS.

Premier couplet.

Dans ce modeste et simple asile,
Nul ne peut commander que moi.
Je suis libre, heureuse et tranquille,
Je puis courir partout, je crois,
Sans qu'un mari gronde après moi;
Ou si quelque amoureux
Soupçonneux

Veut faire les gros yeux,
Moi, j'en ris,
Et lui dis :

Liberté chérie,
Seul bien de la vie,
Liberté chérie,
(Mettant la main sur son cœur.)
Règne toujours là !
Tra, la, la, la, tra, la, la, la,
Tant pis pour qui s'en fâchera !

Deuxième couplet.

J'irais, quand je suis ma maîtresse,
Me donner un maître !... ah ! oui-da !
Pour qu'à la danse où l'on s'empresse,
Quand un galant m'invitera,
Mon mari dise : Restez là !
Un époux en fureur
Me fait peur.
C'est alors que mon cœur
Ne dirait
Qu'en secret :

Liberté chérie, etc.

DANIEL.

Tra la la ! tra la la ! ce n'est pas des raisons. Dieu ! si j'avais assez d'esprit pour en trouver, comme je vous prouverais...

BETTLY.

Quoi ?

DANIEL.

Qu'il faut prendre un mari !

BETTLY.

Et à quoi ça me servira-t-il ?

DANIEL.

A quoi ? Vous me faites là une drôle de question ! Ça servirait à vous aimer ; n'est-ce donc rien ?

BETTLY.

Si vraiment! mais tu vois bien que tu m'aimes sans cela, que je puis compter sur ton amitié.

DANIEL.

Oh! oui, mamzelle.

BETTLY.

Comme toi sur la mienne! Car, vois-tu bien, Daniel, je rends justice à tes bonnes qualités. Tu es un brave garçon, un excellent cœur, et si j'épousais quelqu'un, c'est toi que je choisirais.

DANIEL, avec chaleur.

Vraiment?

BETTLY.

Mais calme-toi; je n'épouserai personne! c'est plus fort que moi; ainsi ne m'en parle plus, ne m'en parle jamais! et, pour n'y plus songer, tiens, rends-moi un service.

DANIEL.

Un service! parlez, mamzelle. Où faut-il aller? que faut-il faire?

BETTLY.

Seulement me lire cette lettre de mon frère, parce que moi, comme je te l'ai dit, je ne suis pas bien forte! je ne suis pas comme toi.

DANIEL.

Qui ai appris à lire, écrire et calculer au collége de Zurich; la belle avance! On a bien raison de dire que l'érudition ne fait pas le bonheur. (Se reprenant vivement.) Si fait, si fait; dans ce moment-ci, puisque je peux vous rendre service. Voyons un peu. (Lisant.) « Au camp impérial du prince Charles, ce 1ᵉʳ juin. » Et nous sommes au milieu de juillet; il paraît que la lettre est restée longtemps en route!

BETTLY.

Ce n'est pas étonnant : l'armée du prince Charles et celle

de Souwarof battent, dit-on, en retraite devant les soldats de Masséna, qui interceptent toutes les communications.

DANIEL.

Je comprends. (Lisant.) « Rien de nouveau, ma chère « Bettly, sinon que je me bats toujours, ainsi que mon ré- « giment, au service de l'Autriche, ce dont nous avons as- « sez. J'espérais un congé pour aller t'embrasser... »

BETTLY.

Après quinze ans d'absence ! quel bonheur ! mon pauvre frère !

DANIEL, lisant.

« Mais il paraît qu'il n'y faut plus compter. Ce qui me « fâche, ma chère sœur, c'est qu'à mon retour, je comptais « trouver chez toi un régiment de nièces et de neveux, et « je vois par ta dernière que tu n'as pas encore commencé ! « Il serait cependant bientôt temps de s'y mettre ; une fille « de ton âge ne peut pas rester inutile... » Ça, c'est bien vrai !

BETTLY, avec colère.

Daniel...

DANIEL, pliant la lettre.

Si cela vous déplaît, je n'en lirai pas davantage.

BETTLY.

Eh ! non vraiment ; achève !

DANIEL, continuant à lire.

« Pourquoi n'épouses-tu pas un brave garçon du pays « dont j'ai reçu une demande en mariage ?... »

BETTLY.

Et qui donc a osé lui écrire ?

DANIEL, confus.

Moi, mamzelle ; il y a deux mois.

BETTLY.

Sans mon aveu !

IV. — v.

DANIEL.

Aussi c'était le sien seulement que je demandais ! il me semble que, quand on aime légitimement, c'est d'abord à la famille qu'on doit s'adresser... Faut-il continuer ?

BETTLY.

Sans doute.

DANIEL, lisant.

« Ça me paraît un bon parti : il est d'une honnête famille, « il est riche, il t'aime éperdûment... » (S'arrêtant.) Le bon frère ; vous l'entendez ! (Continuant.) « Il a l'air un peu bête... »

BETTLY, d'un air triomphant.

Tu l'entends !

DANIEL, appuyant.

« Mais ce n'est pas une raison pour le refuser, au con-« traire ! Je prendrai, du reste, des informations, et, si ça « te convient, il faudra bien, milzieux ! que tu l'épouses. »

BETTLY, arrachant la lettre.

C'en est trop ! mon frère lui-même n'a pas le droit de me contraindre, et il suffit qu'il l'exige pour que mon indifférence devienne de la haine.

DANIEL.

Mais, mams'elle...

BETTLY.

Finissons, je vais au marché.

DANIEL, voulant l'aider à mettre sa hotte.

Je ne peux pas vous aider ?

BETTLY.

C'est inutile !

DANIEL.

Si au moins je vous accompagnais...

BETTLY.

Je ne le veux pas ! et je te déclare en outre qu'on ne

voit que toi ici toute la journée, que cela peut me faire du tort et me compromettre. Les filles du pays sont si mauvaises langues! Ainsi, à dater d'aujourd'hui, je ne veux plus que tu viennes chez moi. Me contraindre! Ah! bien oui! Je l'ai dit; tu m'entends; arrange-toi!

(Elle sort.)

SCÈNE V.

DANIEL, seul, s'appuyant sur la table.

C'est fini! c'est le coup de grâce! (Après un instant de silence.) Je cherche seulement lequel sera pour moi le plus avantageux, de me jeter du haut de la montagne ou de me lancer dans le lac! Je n'ai plus d'autre parti à prendre. Ce qu'il y a d'ennuyeux, c'est de se périr soi-même. D'abord notre pasteur dit que ça n'est pas bien; et puis c'est désagréable! et si j'avais quelque ami pour me rendre ce service-là... (On entend une marche militaire.) Qu'est-ce que c'est que ça? (Regardant.) Des militaires qui gravissent la montagne. Seraient-ce des Français, des Autrichiens ou des Russes? Non! des compatriotes, des soldats du pays, voilà ce qu'il me faut; qu'ils m'emmènent avec eux, qu'ils m'engagent; il y aura bien du guignon si quelque boulet ne me rend pas le service que je demandais tout à l'heure, et au moins je n'aurai pas ma mort à me reprocher. (Leur faisant des signes.) Par ici, messieurs, par ici... Si mamzelle Bettly était là, elle leur ferait les honneurs; je vais la remplacer.

(Il entre dans la chambre à droite, après avoir introduit Max.)

SCÈNE VI.

MAX, et UNE DOUZAINE DE SOLDATS de sa compagnie.

MAX, à ses soldats.

AIR.

Arrêtons-nous un peu... L'aspect de nos montagnes
D'ivresse et de bonheur fait tressaillir mon cœur!

Un instant de repos dans ces vertes campagnes
Nous rendra sur-le-champ notre première ardeur.

Vallons de l'Helvétie,
Objet de notre amour,
Salut, terre chérie,
Où j'ai reçu le jour !

A l'étranger un pacte impie
Vendait et mon sang et ma foi ;
Mais à présent, ô ma patrie,
Je pourrai donc mourir pour toi !

Vallons de l'Helvétie, etc.

(Il écoute et entend dans le lointain un air de ranz des vaches.)
Écoutez !... écoutez... entendez-vous
Ces airs si touchants et si doux ?

Chant de nos montagnes
Qui fais tressaillir,
Toi, de nos campagnes
Vivant souvenir,
Ta douce harmonie,
Tes sons enchanteurs
Rendent la patrie
Présente à nos cœurs.

Auprès d'autres maîtres
Qu'il nous faut servir,
Si tes sons champêtres
Viennent retentir,
La douleur nous gagne,
Il nous faut mourir,
Ou vers la montagne
Il faut revenir.

Chant de nos montagnes, etc.

(A ses soldats qui sont groupés au fond.)
Mes enfants, reposez-vous là quelques instants pour laisser passer la chaleur : surtout qu'on observe la discipline ; nous ne sommes plus ici en pays ennemi, et le premier qui

s'adresserait à une poule ou à un lapin, sans ma permission, aurait affaire à moi, vous le savez !

TOUS.

Oui, sergent.

(Ils se groupent en dehors dans le fond et laissent seuls en scène Max et Daniel.)

SCÈNE VII.

MAX; DANIEL, revenant deux bouteilles à la main.

MAX.

Diable m'emporte si je reconnais ma route ! en leur faisant faire un détour j'ai peur de m'être perdu dans nos montagnes. (Apercevant Daniel.) Ah ! dis-moi, mon garçon, sommes-nous loin d'Hérisau, où doit se réunir demain tout le régiment ?

DANIEL, après lui avoir versé à boire.

Vous n'avez pas besoin de vous presser : en trois heures de marche vous y serez ; et si vous voulez, vous et votre compagnie, vous arrêter à ma ferme qui est là-bas sur votre chemin, et y passer la nuit, rien ne vous manquera ; venez chez moi, Daniel Birman.

MAX, vivement.

Daniel Birman, du canton d'Appenzel ?

DANIEL.

Qu'est-ce qu'il y a d'étonnant à ça ?

MAX, lui donnant une poignée de main.

On m'a parlé de toi dans le pays, et je suis enchanté de te rencontrer et de faire ta connaissance.

DANIEL.

Il ne tiendra qu'à vous, sergent ; car je voulais vous prier de m'enrôler.

MAX, étonné.

Toi! alors, ce n'est plus ça.

DANIEL.

Si vraiment, c'est justement ça; je pars demain matin avec vous, le sac sur le dos, si vous y consentez, parce qu'il faut que ça finisse; je suis trop malheureux!

MAX.

Quel malheur? voyons.

DANIEL.

Le plus grand de tous, sergent. Je suis amoureux d'une fille qui ne veut pas de moi.

MAX.

Et qui donc?

DANIEL.

Bettly Sterner.

MAX, à part.

Bettly!

DANIEL.

La plus belle fille du pays. Elle a un frère qui est dans le militaire et que vous avez peut-être connu?

MAX.

C'est possible.

DANIEL.

Le caporal Max Sterner, qui, peut-être, reviendra bientôt.

MAX.

Le caporal Max? je ne crois pas.

DANIEL.

Ça revient au même : car, depuis qu'il a écrit à sa sœur de m'épouser, elle ne veut plus entendre parler de moi; elle ne veut plus me voir, elle me renvoie! et moi, qui ce matin lui avais donné toute ma fortune par contrat de mariage, je vais être obligé de la lui laisser par testament; car je suis décidé à me faire tuer, et voilà pourquoi je m'adresse à vous.

MAX.

Que diable ça veut-il dire ? et qu'est-ce que c'est qu'une tête pareille ? Viens ici, mon garçon ; Bettly n'aime donc pas son frère ?

DANIEL.

Si vraiment !

MAX.

Alors c'est donc toi qu'elle n'aime pas ?

DANIEL.

Mais si ; elle me le disait encore ce matin, elle me préférerait à tout le monde ; mais c'est le mariage qu'elle n'aime pas ; elle veut toujours rester fille ; c'est son goût, son idée ; elle prétend qu'elle peut se passer de tout le monde, qu'elle n'a besoin de personne !

MAX.

C'est une folie ; une femme à son âge a besoin d'un appui, d'un défenseur, et le meilleur de tous c'est un mari.

DANIEL.

C'est ce que je lui dis toute la journée !

MAX.

Et qu'est-ce qu'elle répond ?

DANIEL.

Qu'elle ne voit pas la nécessité de se marier ! Elle me le répétait encore tout à l'heure, ici, chez elle.

MAX, avec joie.

Chez elle, je suis chez elle ?

DANIEL.

Elle a vendu, à la mort de son père, la maison qu'il avait dans la plaine, et elle a acheté ce chalet.

MAX, préoccupé.

C'est bien ! Alors, va-t'en !

DANIEL.

Où çà ?

MAX.

Chez toi, chercher tes papiers, ton acte de naissance ; il faut ça pour s'engager. N'est-ce pas là ce que tu demandais ?

DANIEL.

Certainement ! mais c'est que... C'est égal, sergent, je ne vous en remercie pas moins des bonnes idées que vous avez eues. Je vas revenir.

MAX.

A la bonne heure ! Laisse-moi.

DANIEL.

Et demain, je pars avec vous, quoique vous m'ayez donné là un moment d'espoir qui m'a raugmenté le chagrin que j'avais déjà...

MAX, brusquement.

Eh bien ! t'en iras-tu, mille canons !

DANIEL.

Oui, monsieur le sergent. (A part.) C'est-y rude et brutal, ces soldats ! voilà pourtant comme je serai demain ! (Rencontrant un regard de Max.) Je m'en vas, je m'en vas; vous le voyez bien.

(Il sort.)

SCÈNE VIII.

MAX, puis LES SOLDATS.

(Sur la ritournelle du morceau suivant, Max va regarder au fond du théâtre.)

MAX.

Par cet étroit sentier qui conduit au village,
Qui vient là-bas ?... C'est elle ! ah ! si je m'en croyais,

Comme ici je l'embrasserais !
(S'arrêtant.)
Mais non, point de faiblesse, oui, montrons du courage.
(Aux soldats, qui accourent sur un signe de lui.)
Que mes ordres par vous soient suivis à l'instant.

LES SOLDATS.

Parlez, que faut-il faire ?

MAX.

Amis, il faut gaîment
Ici mettre tout au pillage.

LES SOLDATS.

O ciel ! y pensez-vous, sergent ?
Vous qui prêchez toujours sur un ton si sévère
La discipline militaire !

MAX.

Je vous réponds de tout, commencez hardiment;
Je paîrai, s'il le faut.

LES SOLDATS, entre eux et à mi-voix.

Amis, c'est différent.

TOUS, avec force.

Du vin ! du rhum ! du rack !
Partout faisons main basse;
Il faut que tout y passe !
Il faut avec audace
Garnir le havresac
Ainsi que l'estomac.
Du vin ! du rhum ! du rack !

SCÈNE IX.

Les mêmes ; BETTLY.

(Elle entre au milieu du bruit, et voit tous les soldats qui parcourent sa chaumière. Les uns ont décroché une poêle, les autres des broches; d'autres prennent des œufs, du beurre, et furètent de tous côtés.)

BETTLY, effrayée.

Ah ! grand Dieu ! qu'ai-je vu ! Messieurs, que voulez-vous ?

MAX.
Nous voulons à dîner. Ainsi, belle aux yeux doux,
Il faut à nous aider que votre talent brille.

BETTLY.
Mais, messieurs, de quel droit?

MAX, à un soldat.
Elle est vraiment gentille!
J'aime ces traits charmants par la crainte altérés.

BETTLY.
Que me demandez-vous?

MAX, d'un air galant.
Tout ce que vous aurez.

BETTLY.
Mais je n'ai rien.

MAX.
Pas possible, inhumaine!

PLUSIEURS SOLDATS, entrant avec des volailles.
Voici pour les enfants de Mars :
C'est ma conquête.

D'AUTRES SOLDATS, tenant des lapins.
Et moi, voici la mienne.

MAX.
A nous et lapins et canards!

BETTLY.
Toute ma basse-cour! une pareille audace!...

MAX, à Bettly.
Et les clefs de la cave?

BETTLY.
Ah! c'est aussi trop fort!
Vous ne les aurez pas.

D'AUTRES SOLDATS, entrant avec un panier de vin.
Par bonheur on s'en passe;
J'ai forcé le cellier!

BETTLY, courant de l'un à l'autre.

Ah! c'est bien pire encor.

LES SOLDATS, sautant sur les bouteilles.

Du vin! du rhum! du rack, etc.

BETTLY.

Mon meilleur vin, celui que pour mon frère
J'avais gardé!

MAX.

Rassure-toi, ma chère,

(Buvant.)

C'est tout comme s'il le buvait.

PLUSIEURS SOLDATS, de même.

A la santé de notre aimable hôtesse;
Et pour fêter sa politesse,
Un seul baiser...

MAX, les repoussant.

Non, s'il vous plaît,
Je ne permets pas ça.

LES SOLDATS, entre eux.

Je comprends, le sergent
Veut la garder pour lui.

MAX.

Probablement.

BETTLY, effrayée.

O ciel!
(Voyant les soldats qui se mettent à différentes tables, à boire et à fumer, pendant que d'autres préparent toujours le dîner.)
Et qu'est-ce que je vois?
Les voilà donc maîtres chez moi!

(A Max.)

Aux magistrats je vais porter ma plainte.
(Des soldats prennent pour jouer un banc, dont ils barrent la porte.

MAX.

Dès demain nous serons loin d'eux.
Mais calmez-vous, soyez sans crainte :

Pendant quinze jours... c'est heureux,
Vous aurez des soldats aimables et joyeux,
Car tout le régiment doit passer en ces lieux.

BETTLY, *se laissant tomber sur la chaise à gauche.*
Ah! c'est horrible, c'est affreux!
Que vais-je devenir, hélas! au milieu d'eux?

MAX.

COUPLETS.

Premier couplet.

Dans le service de l'Autriche,
Le militaire n'est pas riche,
Chacun sait ça.
Mais si sa paie est trop légère,
On s'en console : c'est la guerre
Qui le paîra !

Ainsi, morbleu! que de tout l'on s'empare,
Jeune beauté, vieux flacons et cigare...
Vivent le vin, l'amour et le tabac,
Voilà le refrain du bivac !

Deuxième couplet.

(S'approchant de Bettly.)
Dans les beaux yeux d'une inhumaine,
De sa défaite on lit sans peine
Le pronostic.
Nulles rigueurs ne nous retiennent;
De droit les belles appartiennent
Au kaiserlic !

Se divertir fut toujours mon principe :
Tout est fumée, et la gloire et la pipe.
Vivent le vin, l'amour et le tabac,
Voilà le refrain du bivac !

Ensemble.

BETTLY.

Malgré moi je frissonne
Et de crainte et d'horreur.

Hélas ! tout m'abandonne,
Et je me meurs de peur.

MAX.

De crainte elle frissonne ;
J'en ris au fond du cœur.
Que l'amitié pardonne
Cet instant de frayeur.

LES SOLDATS.

Notre sergent l'ordonne,
Buvons avec ardeur.
Oui, la consigne est bonne,
J'obéis de grand cœur.

(A la fin de cet ensemble, un des soldats se présente à la porte à gauche, sans habit, et avec un tablier de cuisine.)

LE SOLDAT.

Le dîner vous attend.

MAX.

O nouvelle agréable !
Allons, courons nous mettre à table
Et jusqu'à demain, sans façons,
Mes amis, nous y resterons.

Ensemble.

BETTLY.

Malgré moi je frissonne, etc.

MAX.

De crainte elle frissonne, etc.

LES SOLDATS.

Notre sergent l'ordonne, etc.

(Max et les soldats entrent par la porte à gauche.)

SCÈNE X.

BETTLY, seule.

Comment ! ils vont loger chez moi jusqu'à demain ? toute la soirée (Avec effroi.) et la nuit aussi ! et pendant quinze jours, tout le régiment. Quelle perspective ! et le moyen de les renvoyer ou de les rendre honnêtes et polis !... il vaut mieux m'en aller. Mais où me réfugier ? Mon plus proche voisin est Daniel, et je ne peux pas aller lui demander asile, surtout pendant quinze jours, lui qui n'est ni mon frère, ni mon cousin, et qui n'a pas de femme ! Et puis, si je quitte mon chalet, ils y mettront le feu ! je le retrouverai en cendres ; ils sont capables de tout !...

SCÈNE XI.

BETTLY ; DANIEL, avec un paquet au bout d'un long sabre, et entr'ouvrant la porte au fond.

BETTLY.

Qui vient là ? encore quelque ennemi ! Ah ! c'est Daniel !

DANIEL.

Ne vous fâchez pas, mam'selle, si c'est moi...

BETTLY, d'un ton caressant.

Je ne me fâche pas, monsieur Daniel.

DANIEL.

Ce n'est pas pour vous que je viens ! c'est-à-dire ce n'est pas pour vous contrarier ; mais pour retrouver un militaire qui m'a donné rendez-vous ici, un sergent, un bien brave homme !

BETTLY.

Un brave homme !

DANIEL.

Oui, mam'selle, lui et ses camarades ! aussi, dès demain, je serai comme eux ; je serai des leurs !

BETTLY.

Y penses-tu ?

DANIEL.

C'est un parti pris ; je lui ai donné ma parole ; je me fais soldat. Vous voyez que j'ai déjà le principal, j'ai un sabre ! un fameux sabre, qui depuis cent ans était accroché à notre cheminée, et qui a servi autrefois à la bataille de Sempach ! Mais il me manquait des papiers; je les ai là, dans mon paquet, et je les apporte au sergent.

BETTLY.

Il est à table avec ses compagnons, qui ont mis ici tout sens dessus dessous.

DANIEL.

Ces pauvres gens ! je leur avais demandé que ce fût chez moi. Ils vous ont donné la préférence; j'en aurais bien fait autant !

BETTLY.

Eh bien ! par exemple !

DANIEL.

Dame ! je ne vois que le plaisir d'être auprès de vous. Et à propos de ça, et puisqu'il faut que je m'en aille, (Dénouant le paquet qu'il a mis sur la table.) j'ai un papier à vous remettre. (Tirant plusieurs papiers.) Non, ce n'est pas ça, c'est mon acte de naissance, et maudit soit le jour où il a été paraphé ! Et ça? (Le regardant.) Ah ! ce malheureux contrat de mariage, qui était tout prêt et que vous n'avez pas voulu signer ! (Le remettant dans le paquet.) Il a maintenant le temps d'attendre ! (Prenant un autre papier qu'il lui présente.) Voilà !

BETTLY.

Qu'est-ce que c'est que ça?

DANIEL.

Mon testament, que je vous prie de garder.

BETTLY.

Quelle idée !

DANIEL.

C'est un service que je vous prie de me rendre, et qui ne vous oblige à rien de mon vivant ! vous l'ouvrirez seulement quand je serai mort, et je tâcherai que ça ne soit pas long !

BETTLY.

Monsieur Daniel !

DANIEL.

Ça commence déjà ; car je n'en peux plus, je tombe de fatigue et de sommeil : trois nuits sans dormir ! des courses dans la montagne ! et puis, hier et ce matin, tout le mal que je me suis donné pour c'te prétendue noce ! (Geste de Bettly.) Je n'en parlerai plus, et je m'en vais : car, en restant ici, je vous contrarie.

BETTLY.

Mais du tout. (A part.) Il va me laisser seule dans la maison avec tous ces gens-là !

DUO.

Prêt à quitter ceux que l'on aime,
Doit-on partir si brusquement?
Et vous pouvez bien, ici même,
Vous reposer un seul instant.

DANIEL.

Dieu ! qu'entends-je ? ô surprise extrême
Tantôt vous m'avez dit d' partir,
Et maintenant, quoi ! c'est vous-même,
Vous qui daignez me retenir !

BETTLY.

D'un ami l'on peut bien, je pense,
Recevoir les derniers adieux.

DANIEL.

Non, je sens que votre présence
Me rend encor plus malheureux.
Et puisque votre ordre cruel
M'a banni, je m'en vas...

(Il a repris son paquet et son sabre et va pour sortir.)

BETTLY.

Daniel !

Ensemble.

BETTLY.

Encore, encore
Un seul instant!
De vous j'implore
Ce seul moment.
(A part.)
D'effroi saisie,
Je tremble, hélas!
(A Daniel, d'un air suppliant.)
Je vous en prie,
Ne partez pas.

DANIEL, avec joie.

Encore, encore
Un seul instant;
Elle m'implore,
Moi, son amant!
Douce magie,
Où suis-je, hélas!
Sa voix chérie
Retient mes pas.

BETTLY.

Vous restez donc auprès de moi?

DANIEL.

Ah! j'y consens!... Mais vous ne voudrez pas...

BETTLY.

Pourquoi?

DANIEL.

Vous ne voudrez pas le permettre,
Car voici le jour qui s'enfuit,
Et si je reste ici la nuit,
C'est bien pis que le jour, et, vous me l'avez dit,
Ce serait là vous compromettre!

BETTLY, avec embarras et baissant les yeux.

C'est vrai.

DANIEL.

Vous voyez bien, ainsi tout est fini.

BETTLY, à part, avec effroi.

Ah, mon Dieu! rester seule ici!

(A Daniel, avec embarras.)

Adieu donc.

DANIEL, près de la porte.

Adieu!

BETTLY, le retenant au moment où il va sortir.

Mon ami!

Ensemble.

BETTLY.

Encore, encore, etc.

DANIEL, revenant vivement.

Encore, encore, etc.

BETTLY, avec un sourire timide.

Eh! mais... vous pourriez bien, sans qu'on puisse en médire,
Rester dans la chambre à côté,
Jusqu'à demain...

DANIEL.

O ciel! c'est bien la vérité?

Vous le voulez...

BETTLY.

Sans doute.

DANIEL, avec joie.

A peine je respire.

BETTLY.

Je vous appellerai si j'ai besoin de vous.

DANIEL, avec joie.

Vraiment!

(Montrant la porte à droite.)

C'est là... près d'elle, ah! que mon sort est doux!

(Il prend son sabre, son paquet, et entre dans la chambre à droite, toujours en regardant Bettly.)

BETTLY, demeurée seule un instant.

Sa présence a calmé la frayeur qui me glace.

(Bruit et cris confus à gauche.)

BETTLY, effrayée, s'élance vers la porte à droite en appelant.

Daniel! Daniel!

DANIEL, sortant vivement de la chambre à droite.

Qu'est-ce donc?

BETTLY.

Ah! de grâce,
Restez ici, je l'aime mieux.

DANIEL, avec ravissement.

Est-il possible?

BETTLY.

Eh, oui, je l'aime mieux!
Là-bas sur ce fauteuil... moi je rentre en ces lieux.

DANIEL.

Bonsoir.

BETTLY.

Bonsoir.

Vous restez là?

DANIEL.

Pour mon cœur quel espoir!

Ensemble.

DANIEL, assis dans le fauteuil à gauche.

Oh! surprise nouvelle,
Jamais je n'obtins d'elle
Aussi douce faveur.
Mon Dieu, si c'est un rêve,
Permettez qu'il s'achève,
Laissez-moi mon bonheur!

BETTLY, près de la porte à droite.

Dans ma crainte mortelle
Sa présence et son zèle
Calment un peu mon cœur.
Que mon tourment s'achève!
O mon Dieu, faites trêve
A ma juste terreur!

BETTLY, de loin.

Il ne s'endort pas, je l'espère?

DANIEL, les yeux un peu appesantis.
Quel avenir! et quel bonheur!
Mais je sens... déjà... ma paupière...
(D'une voix plus affaiblie.)
Je suis près d'elle... ah! quel bonheur!

BETTLY.
Parlez-moi... je veux vous entendre.
DANIEL, à moitié endormi et prononçant à peine.
Ah! combien je bénis mon sort!

BETTLY, écoutant.
Que dit-il?
(Se rapprochant de lui.)
De si loin... l'on ne saurait comprendre,
Mais vraiment je crois qu'il s'endort.

Ensemble.

BETTLY.
Dans ma crainte mortelle,
Sa présence fidèle
Rassure un peu mon cœur.
Que mon tourment s'achève!
O mon Dieu, faites trêve
A ma juste terreur :
Loin de lui j'ai trop peur.

DANIEL, s'endormant peu à peu.
Quelle ivresse nouvelle!
Jamais je n'obtins d'elle
Aussi douce faveur.
Mon Dieu! si c'est un rêve,
Permettez qu'il s'achève,
Laissez-moi mon bonheur.
Oui, oui, je rêve le bonheur!
(Elle finit par prendre une chaise et s'asseoir à côté de lui.)

SCÈNE XII.

MAX, sortant de la porte à gauche; BETTLY, assise près de Daniel; DANIEL dormant sur le fauteuil à droite.

MAX, à part, apercevant Daniel.

Ah! notre jeune fermier! elle l'a fait rester! Très-bien!
(Il s'avance et se place entre Bettly et Daniel.)

BETTLY, se levant effrayée.

Dieu! ce soldat!

MAX.

Moi-même, ma belle enfant. (Affectant un peu d'ivresse.) Vivent l'amour et la bagatelle! Voyez-vous, j'ai servi en Allemagne, et les Allemands sont toujours aimables, après dîner! Or, le vôtre était excellent; il faut donc, pour être juste, que l'amabilité soit en rapport avec le dîner.

BETTLY, à part.

Et ce Daniel qui ne s'éveille pas!

MAX.

Nous convenons donc, ma jolie hôtesse, qu'il me faut un petit baiser.

BETTLY.

Une pareille audace...

MAX.

C'est de la reconnaissance! c'est une galanterie soldatesque et décente qui ne peut offenser personne! et ton mari lui-même le permettra; (Montrant Daniel.) je vais lui demander.

BETTLY, piquée.

Ce n'est point mon mari...

MAX.

Excusez! comme il dormait là près de toi, j'avais cru tout naturellement...

5.

BETTLY, avec fierté.

Vous vous trompez! je n'ai pas de mari; je vous prie de le croire.

MAX, gaiement.

Tu n'as pas de mari! alors ne crains plus rien! ça ne fait de tort à personne, et, puisque tu es libre, puisque tu es ta maîtresse...

BETTLY, effrayée.

Monsieur le soldat...

MAX, la poursuivant.

Vivent l'amour et la bagatelle!

BETTLY.

A moi! au secours!

MAX, l'embrassant au moment où Daniel s'éveille.

Tu auras beau faire!

DANIEL, s'éveillant.

Qu'est-ce que je vois là?

MAX, tenant toujours Bettly, qui se débat.

Le triomphe du sentiment!

DANIEL.

Moi qui étais dans un si joli rêve!... (S'élançant entre Max et Bettly, qu'il sépare.) Voulez-vous bien finir!

MAX, avec colère.

Eh! de quoi te mêles-tu?

DANIEL.

Je me mêle... que ces manières-là me déplaisent, entendez-vous, sergent!

MAX, de même, et affectant plus d'ivresse.

Et de quel droit ça te déplaît-il? est-ce ta sœur?

DANIEL.

Non vraiment!

MAX.

Est-ce ta femme?

DANIEL.

Hélas! non.

MAX.

Est-ce ta nièce, ta cousine, ta grand'tante?

DANIEL.

Non sans doute ; mais cependant, sergent...

MAX, avec hauteur.

Mais cependant, morbleu! c'est à moi alors que ça déplaît ; et, puisque tu n'as aucun droit légal z-et légitime de m'ennuyer z-ici, fais-moi le plaisir de battre en retraite sur-le-champ et vivement.

BETTLY.

O ciel!

MAX.

Je te l'ordonne!

DANIEL.

Et moi, ça m'est égal ; je resterai!

MAX, menaçant.

Comment! blanc-bec...

DANIEL, tremblant et se réfugiant près de Bettly.

Oui, oui, je resterai, j'en ai le droit ; c'est mam'selle Bettly qui me l'a dit. N'est-ce pas, mam'selle, vous m'en avez prié, vous me l'avez demandé?

BETTLY, tremblante.

Certainement, je le veux. (Lui prenant le bras.) Je veux que vous ne me quittiez pas!

DANIEL.

Vous l'entendez ; je ne lui fais pas dire. Vous n'avez que faire ici ; n'est-il pas vrai? (Regardant Max, qui se croise les bras.) Eh bien! je vous demande pourquoi il reste là! Dites-lui donc, mam'selle, dites-lui donc de s'en aller.

MAX.

Non, morbleu! je ne m'en irai pas! car j'y vois clair enfin. Tu es son amant! tu l'aimes!

DANIEL.

Pour ce qui est de ça, c'est vrai !

MAX.

Et moi aussi !

DANIEL.

Est-il possible ?

MAX, le menaçant.

Et tu renonceras à l'aimer...

DANIEL, de même.

Jamais !

MAX, de même.

Ou sinon...

BETTLY.

Monsieur le sergent, au nom du ciel !...

MAX, froidement.

Ça ne vous regarde pas, la belle ! c'est une affaire entre nous, une explication z-à l'amiable qui réclame impérieusement l'absence du sexe ! Ainsi vous comprenez, vaquez aux travaux du ménage, et nous, ça ne sera pas long. (Durement et lui montrant la porte à droite.) M'entendez-vous ?

DANIEL.

Oui, mam'selle Bettly, retirez-vous un instant.

BETTLY, à part, montrant la porte à droite.

Ah ! je n'irai pas loin. (Bas.) Monsieur Daniel !

DANIEL.

Mam'selle Bettly.

BETTLY, à mi-voix.

Ah ! mon Dieu ! que j'ai peur !

DANIEL, de même.

Et moi donc !

(Bettly le regarde et, sur un geste de Max, sort par la porte à droite.)

SCÈNE XIII.

MAX, DANIEL.

DUO.

MAX.

Il faut me céder ta maîtresse,
Et renoncer à ton amour.

DANIEL.

Moi, renoncer à ma tendresse,
J'aimerais mieux perdre le jour!

MAX.

C'est alors, suivant la coutume,
Le sabre qui décidera.

DANIEL, effrayé.

Que dites-vous?

MAX, froidement.

Et je présume
Qu'un de nous deux y périra.

DANIEL, tremblant.

Ah! grand Dieu! mais la perdre est encor plus terrible.

MAX.

Eh bien?

DANIEL, tremblant, mais avec un peu plus de résolution.

Eh bien... c'est dit...

MAX, lui prenant la main.

Touche donc là!

(Voyant qu'il tremble.)

Poltron...

Ta main tremble...

DANIEL.

C'est bien possible.

MAX.

Tu frémis...

DANIEL.

Je ne dis pas non.

Ensemble.

DANIEL, à part.

Je sens comme un froid glacial ;
Mais c'est égal... oui, c'est égal.
Bon gré, mal gré, je me battrai,
Je me battrai, je l'ai juré !

MAX, souriant.

Que j'aime son air martial !
Il est tremblant, mais c'est égal.
Il se battra, bon gré mal gré ;
Il veut se battre, il l'a juré.

MAX.

Ainsi, le sabre en main... tu le veux ?

DANIEL, fermant les yeux.

Je le veux.

MAX, avec ironie.

Il est brave.

DANIEL.

Non pas ! mais je suis amoureux.

MAX.

Et de frayeur ton cœur palpite.

DANIEL.

Je n'en ai que plus de mérite ;
Se faire tuer, c'est votre état.
Mais moi qui ne suis pas soldat...

Ensemble.

DANIEL.

Je sens comme un froid glacial ;
Mais c'est égal... oui, c'est égal.
Bon gré, mal gré je me battrai,
Je me battrai, je l'ai juré !

MAX.

Je ris de son air martial ;

Il est tremblant, mais c'est égal.
Il se battra, bon gré, mal gré ;
Il veut se battre, il l'a juré.

(Apercevant Bettly qui, pendant le commencement de ce morceau, a de temps en temps entr'ouvert la porte à droite.)

MAX, à part.

C'est elle ; elle doit nous entendre.

(A Daniel.)

C'est bien... là-bas je vais t'attendre.
Dans ce bois de sapins, sous cette voûte sombre
Qui couvre la montagne et s'étend près de nous,
Nous n'aurons pour témoins que le silence et l'ombre ;
Mais ne va pas manquer à notre rendez-vous !

DANIEL, levant les yeux au ciel.

Dieu, soutiens mon courage, et chasse comme une ombre
Du bien que j'ai perdu le souvenir si doux !

MAX.

Lorsqu'au clocher voisin sonnera la demie...

DANIEL.

De s'apprêter, encor faut-il le temps.

MAX.

Je te donne un quart d'heure.

DANIEL.

On vous en remercie.

MAX.

Je serai là !...

DANIEL, se donnant du courage.

J'irai... j'irai.

MAX.

Bien, je t'attends !

Ensemble.

DANIEL.

Que l'amour et la gloire
Bannissent ma frayeur.

Oui, je ne veux plus croire
Que la voix de l'honneur.
Pour défendre sa belle
On a toujours du cœur ;
Et si je meurs pour elle,
C'est encor du bonheur.

MAX.

Que l'amour et la gloire
Soutiennent ta valeur :
En tout temps la victoire
Sourit aux gens de cœur.
Quand l'amour nous appelle
Tous deux au champ d'honneur,
Expirer pour sa belle
Est encor du bonheur.

MAX.

Tu m'as compris...

DANIEL.

C'est entendu.

MAX.

Pour la gloire et pour ton amie...

DANIEL.

Pour la gloire et pour mon amie...

MAX.

Lorsque sonnera la demie !

DANIEL.

Lorsque sonnera la demie !

MAX.

Dans le bois de sapins...

DANIEL, avec fermeté.

C'est dit... c'est convenu

Ensemble.

DANIEL, tout à fait décidé.

Oui, l'amour et la gloire
Ont banni ma frayeur,

Et je ne veux plus croire
Que la voix de l'honneur.
Pour défendre sa belle
On a toujours du cœur ;
Et si je meurs pour elle,
C'est encor du bonheur.

MAX.

Que l'amour et la gloire
Soutiennent ta valeur :
En tout temps la victoire
Sourit aux gens de cœur.
Quand l'amour nous appelle
Tous deux au champ d'honneur,
Expirer pour sa belle
Est encor du bonheur.

(Max sort par la porte du fond.)

SCÈNE XIV.

DANIEL ; BETTLY, revenant.

BETTLY, à part.

Je me soutiens à peine ! Ce pauvre garçon !... (Le regardant tendrement.) Se battre avec une frayeur comme celle-là... faut-il qu'il soit brave ! (Haut.) Monsieur Daniel...

DANIEL, sortant des réflexions où il était plongé.

Ah ! c'est vous, mam'selle.

BETTLY.

Eh bien ?

DANIEL, affectant un air riant.

Eh bien ! ça s'est bien passé ! il a enfin entendu la raison, et, comme vous le voyez, il s'est en allé ; vous en voilà délivrée ! Et maintenant, puisque vous n'avez plus besoin de moi, je vais aussi vous quitter.

BETTLY.

Et où allez-vous ?

DANIEL.

Je vais reprendre mon paquet, mes papiers et mon sabre, que j'ai laissés là, dans votre chambre...

BETTLY, l'arrêtant.

Daniel!...

DANIEL.

Il faut que je parte. Je suis soldat, je vous l'ai dit! Mon sergent m'attend; nous avons à faire ensemble un voyage, qui sera bien long peut-être! et si je ne revenais pas, mam'selle Bettly, il ne faut pas que cela vous fasse de la peine. Il faut vous dire, pour vous consoler, que je suis plus heureux comme ça qu'auparavant... (La regardant.) Quoi! vous pleurez?

BETTLY.

Oui, je ne puis vous dire ce que je sens là, ce que j'éprouve de crainte, de regrets!

DANIEL.

Des regrets, est-il possible? Ah! si vous me regrettez, voilà plus de bonheur que je n'aurais osé l'espérer, et je puis partir maintenant!

BETTLY, à part, joignant les mains.

Comment le retenir ici?

DANIEL.

ROMANCE.

Premier couplet.

Adieu, vous que j'ai tant chérie;
Je pars pour un climat lointain.
Qu'une fois au moins d'une amie
Ma main puisse presser la main;
Qu'en sortant de cette demeure
J'emporte ce doux souvenir!

BETTLY, à part.

Si je refuse il va partir...

(Lui tendant la main qu'il embrasse.)
Allons, il faut... lui faire oublier l'heure.

DANIEL.

Deuxième couplet.

Adieu, Bettly, vous que j'adore,
Vous, mes premiers, mes seuls amours !
Peut-être un destin que j'ignore
Va nous séparer pour toujours.
Loin de vous s'il faut que je meure,
Un baiser avant de mourir ?

BETTLY.

Si je refuse il va partir...
(On entend sonner la demie au clocher du village. Bettly penche vers lui sa joue, que Daniel embrasse.)
Allons, il faut... lui faire oublier l'heure.

Ensemble.

BETTLY.

Allons, il faut... lui faire oublier l'heure.

DANIEL, avec ivresse.

Mes jours entiers pour une pareille heure !

SCÈNE XV.

BETTLY, MAX, DANIEL.

MAX, qui est entré à la fin de la scène précédente, sourit en les voyant, puis il vient brusquement se placer entre eux.

Eh bien ! l'ami, à quoi diable vous amusez-vous là ? Il y a longtemps que la demie a sonné.

DANIEL.

Vous croyez !

MAX, lui montrant le sabre qu'il tient sous le bras.

Le camarade est là pour vous le dire ! nous vous attendons ! vous comprenez ?

DANIEL.

Oui, sergent, je vas chercher ce qu'il faut pour vous suivre ; mais si vous aviez pu attendre encore un peu ! (A part.) Se faire tuer dans un pareil moment ! est-ce désagréable !

(Il sort par la porte à droite.)

SCÈNE XVI.

MAX, BETTLY.

BETTLY, qui a remonté le théâtre et suivi Daniel des yeux, court près de Max.

Je connais votre dessein et ne le laisserai pas exécuter.

MAX.

Qu'est-ce que ça signifie ?

BETTLY.

Vous voulez vous battre avec lui ; vous voulez le tuer ! Oh ! non, cela n'est pas possible ; vous ne le tuerez pas ! un si honnête homme ! dont les jours sont si chers et si précieux !

MAX.

Si précieux ! et à qui ?

BETTLY.

A ses amis, à sa famille.

MAX.

Lui ! il ne tient à rien au monde, il est garçon comme moi ; et un garçon, à quoi ça sert-il ? Ah ! s'il était marié, je ne dis pas. Un homme marié est utile à sa femme et à tous les siens !

BETTLY, vivement.

Eh bien ! monsieur, si ce n'est que cela, je vous jure qu'il est marié.

MAX.

Lui ?

BETTLY.

Oui, sans doute !

SCÈNE XVII.

MAX, BETTLY, DANIEL.

TRIO.

DANIEL, tenant sur l'épaule son grand sabre.

Soutiens mon bras, Dieu que j'implore,
Venge l'amour et l'amitié !
(Regardant son sabre.)
Ce fer qui va briller encore
Ne pouvait mieux être employé.

MAX.

Non, vraiment, différons encore ;
Qu'entre nous tout soit oublié :
Toujours je respecte et j'honore
Les jours d'un homme marié.

DANIEL, étonné.

Qui, moi, sergent, moi... marié !

BETTLY, bas à Daniel.

Dites que oui ; je vous l'ordonne.

DANIEL, vivement.

C'est vrai, c'est vrai ; je l'avais oublié.

MAX, les regardant d'un air soupçonneux.

Et pourquoi le cacher ? ce mystère m'étonne.

BETTLY, vivement.

Plus d'une raison l'y forçait...
Des raisons de famille autant que de fortune.

MAX.

C'est différent. Alors, dites-moi donc quelle est
Sa femme.

BETTLY, embarrassée.

Quoi... sa femme !

MAX, brusquement.

Il faut qu'il en ait une.
Je tiens à la voir.

DANIEL.

Et pourquoi?

MAX.

Je veux la voir.

DANIEL, avec embarras.

Ma femme!...

BETTLY.

Eh bien... c'est moi.

DANIEL.

Qu'entends-je, ô ciel!

BETTLY.

Silence, et dites comme moi.
(Bas à Daniel.)
Ah! c'est pour vous sauver la vie
Que je vous nomme mon époux.
Dites comme moi, je vous prie,
Mais c'est pour rire, entendez-vous :
Oui, c'est pour rire, entendez-vous.

Ensemble.

DANIEL, à part, tristement.

Quoi! c'est pour me sauver la vie
Qu'elle me donne un nom si doux;
Mais ce n'est qu'une raillerie,
Et je ne suis pas son époux;
Je ne serai pas son époux.

MAX, à part.

Eh quoi! vraiment sa pruderie
Se défend encor contre nous.
De résister je la défie;
Il faudra qu'il soit son époux,
Qu'il soit tout à fait son époux.

(Les saluant tous deux.)
Salut alors à monsieur, à madame!

DANIEL, à Bettly.

Répondez-lui.

MAX.

Quel est ce ton?
Lorsque l'on est époux et femme
On se tutoie et sans façon.

DANIEL, effrayé.

Quoi! la tutoyer...

BETTLY, à demi-voix, l'y excitant.

Allons donc!

DANIEL.

Si... tu le veux...

BETTLY.

Et pourquoi non?

DANIEL.

C'est toi qui le veux... Toi! ce mot charme mon âme.

MAX.

Mais quand on est époux et femme,
On peut embrasser son mari.

DANIEL, s'éloignant, avec effroi.

Ah! c'est trop fort... oh! que nenni!

MAX, avec colère, et portant la main à son sabre.

Qu'ai-je entendu? de quelque trame
Serais-je la dupe aujourd'hui?

BETTLY, vivement.

Non, vraiment, et s'il faut vous le prouver ici...
(Elle s'approche de Daniel les yeux baissés, l'embrasse et reprend à demi-voix.)
Ah! c'est pour vous sauver la vie
Qu'ici je vous traite en époux;
Mais n'y croyez pas, je vous prie,
Car c'est pour rire, entendez-vous :
Oui, c'est pour rire, entendez vous.

Ensemble.

DANIEL, tristement.

Quoi! c'est pour me sauver la vie
Qu'elle accorde un baiser si doux;
Mais ce n'est qu'une raillerie,
Et je ne suis pas son époux.

MAX, à part.

Eh quoi! vraiment sa pruderie
Se défend encor contre nous.
De résister je la défie;
Il faudra qu'il soit son époux.

BETTLY.

Et maintenant, je le suppose,
De cet hymen vous ne douterez pas.

MAX.

Oh si, vraiment! et j'exige autre chose.

DANIEL et BETTLY, effrayés.

O ciel!

MAX, montrant Daniel.

Il doit avoir des papiers, des contrats...
Que sais-je?... il me l'a dit.

DANIEL.

Rien n'est plus véritable.
(Montrant la chambre à droite.)
Je l'avais là...

MAX.

Je veux le voir.
(A Bettly.)
Qu'on me l'apporte, allez!
(Bettly entre dans la chambre à droite.)

DANIEL, la regardant sortir.

Ah! plus d'espoir!

MAX.

Je saurai bien s'il est valable!

DANIEL, à part.
Il ne l'est pas! ô sort infortuné,
C'est de moi seul qu'hélas! il est signé!

MAX, criant à haute voix, et de manière à ce que Bettly l'entende.
Je connaîtrai, morbleu! si l'on m'abuse!

DANIEL, toujours à part.
En le voyant il va découvrir notre ruse!
(Rentre Bettly, qui, les yeux baissés, présente à Max un contrat qu'il prend de sa main.)

DANIEL, à part, regardant Max, qui examine le contrat.
Je n'ai plus qu'à mourir, pour moi tout est fini!

MAX, regardant au bas du contrat.
C'est bien : signé Daniel; plus bas, signé Bettly.

DANIEL, avec joie.
O ciel!

BETTLY, qui est près de lui, lui mettant la main sur la bouche.
Ah! ce n'est qu'une ruse;
Le contrat ne vaut rien... celui dont je dépends,
Mon frère, ne l'a pas encor signé...

MAX, qui pendant ce temps s'est approché de la table à droite, et a signé le contrat.
Tu mens!
(Le donnant à Daniel.)
Tenez, tenez, mes enfants.

DANIEL, lisant.
Que vois-je? Max, sergent!

BETTLY.
Grands dieux!

MAX, lui ouvrant ses bras.
C'est moi... ton frère!

DANIEL.
Lui!

MAX.

Qui vous trompait tous deux
Pour vous forcer d'être heureux.

Ensemble.

DANIEL et BETTLY.

Ah! n'est-ce pas une erreur qui m'abuse?
C'est un frère qui nous chérit.
Oui, notre amour pardonne cette ruse
A l'amitié qui nous unit.

MAX.

Non, ce n'est pas une erreur qui t'abuse;
C'est un frère qui te chérit.
Que votre amour pardonne cette ruse
A l'amitié qui vous unit!

SCÈNE XVIII.

LES MÊMES; PAYSANS et PAYSANNES revenant de la ville; SOLDATS, entrant par la gauche.

DANIEL, courant à eux.

Mes amis, venez vite,
Ici je vous invite,
Car je suis son époux.

TOUS.

O ciel! que veut-il dire?

DANIEL

De moi vous vouliez rire,
Et je me ris de vous.

MAX, à ses soldats.

Et vous, mes camarades,
Venez! buvez rasades,
Et reprenons soudain
Notre joyeux refrain :

Vivent le vin, l'amour et les combats !
Voilà, voilà le refrain des soldats !

LES SOLDATS.

Amants, guerriers, répétons tour à tour :
Vivent le vin, les combats et l'amour !

LE
CHEVAL DE BRONZE

OPÉRA-FÉERIE EN TROIS ACTES

MUSIQUE DE D.-F.-E. AUBER.

THÉATRE DE L'OPÉRA-COMIQUE. — 23 Mars 1835.

PERSONNAGES.	ACTEURS.
YANG, prince impérial de la Chine.	MM. RÉVIAL.
TSING-SING, mandarin.	FÉRÉOL.
TCHIN-KAO, fermier	INCHINDI.
YANKO.	THÉNARD.
STELLA, princesse du Mogol	Mmes CASIMIR.
TAO-JIN	PONCHARD.
PEKI.	PRADHER.
LO-MANGLI, demoiselle d'honneur de la princesse.	FARGUEIL.

FEMMES DE LA SUITE DE STELLA. — SOLDATS et SEIGNEURS DE LA SUITE DU PRINCE. — PAYSANS. — PAYSANNES, etc.

Dans la province de Chan-Toung, en Chine.

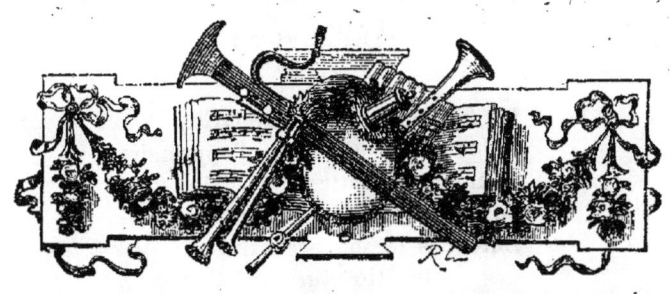

LE
CHEVAL DE BRONZE

ACTE PREMIER

Un site agréable, dans la province de Chan-Toung, en Chine. — A droite, l'entrée de la ferme de Tchin-Kao. Au fond, un village chinois. A gauche, l'entrée d'une pagode.

SCÈNE PREMIÈRE.

TCHIN-KAO, PEKI, TSING-SING, Paysans.

INTRODUCTION.

LES PAYSANS.

Clochettes de la pagode,
Retentissez dans les airs,
Et, suivant l'antique mode,
D'hymen formez les concerts.
Clochettes de la pagode,
Retentissez dans les airs !

TCHIN-KAO.

Mon bonheur ne peut se comprendre :

Ma fille épouse un mandarin;
A tous ici, pour mieux l'apprendre,
Sonnez, clochettes... tin! tin! tin!
Je crois des écus de mon gendre
Entendre le son argentin,
    Tin! tin! tin! tin! tin!

LES PAYSANS.

Clochettes de la pagode, etc.

TCHIN-KAO, bas à sa fille qui est voilée.

Allons, ma fille, allons, Peki,
Parlez donc à votre mari!

PEKI, de même.

A quoi bon? que puis-je lui dire?

TCHIN-KAO.

Vous, la fille d'un laboureur,
Épouser un grand de l'empire!

TSING-SING.

Le favori de l'empereur,
Le seigneur Tsing-Sing! c'est tout dire.

(S'approchant de Péki.)

AIR.

Trésor de jeunesse et d'amour,
Beauté dont mon âme est ravie!
Je t'ai vue... et pour toi j'oublie
Mon rang, ma noblesse et la cour!

    De ma naissance,
    De ma puissance,
    Un seul coup d'œil
    Brise l'orgueil,
    Et plein d'extase,
    Mon cœur s'embrase,
    S'embrase aux feux
    De tes beaux yeux.

Trésor de jeunesse et d'amour! etc.

On te dira que je suis vieux!
N'en crois rien, l'amour n'a pas d'âge,

Et, pour te séduire, je veux
Que mes trésors soient ton partage,
Et que chacun dise soudain :
« C'est la femme d'un mandarin.
« Dans ses atours quelle élégance !
« Ses pieds ont foulé le satin,
« Perle et rubis ornent son sein,
« Mollement elle se balance,
« Bercée en son beau palanquin. »
Esclaves, servez votre reine,
Esclaves, courbez-vous soudain ;
C'est votre maîtresse et la mienne,
C'est la femme d'un mandarin...
Quel honneur, quel heureux destin,
D'être femme d'un mandarin !

Ensemble.

LES PAYSANS.

Quel honneur, quel heureux destin,
D'être femme d'un mandarin !

PEKI.

Soumettons-nous à mon destin,
Je suis femme d'un mandarin !

TCHIN-KAO.

Quel honneur, quel heureux destin,
D'être femme d'un mandarin !

TCHIN-KAO, à sa fille et aux paysans.

Allez ! allez veiller aux apprêts du festin.

LES PAYSANS.

Clochettes de la pagode, etc.

(Ils sortent tous, excepté Tsing-Sing et Tchin-Kao.)

SCÈNE II.

TSING-SING, TCHIN-KAO.

TSING-SING.

Eh bien! maître Tchin-Kao... qu'en dites-vous?

TCHIN-KAO.

Que je ne puis en revenir encore!... vous, gouverneur de cette province, qui veniez tous les ans au nom de l'empereur, notre gracieux souverain, pour toucher notre argent ou nous donner des coups de bâton; vous, qui me faisiez une si grande peur, ainsi qu'à tout le monde, vous voilà mon gendre!

TSING-SING.

Oui, maître Tchin-Kao, je vous ai fait cet honneur : j'admets votre fille au nombre de mes femmes...

TCHIN-KAO.

Est-ce que vous en avez beaucoup?

TSING-SING.

Quatre.

TCHIN-KAO.

Est-il possible!

TSING-SING.

Objets de luxe! et pas autre chose. Un grand seigneur chinois y est obligé par son rang...

TCHIN-KAO.

Ici, au village, nous ne prenons qu'une femme! nous ne pouvons pas en avoir davantage...

TSING-SING.

C'est juste! vous n'en avez pas les moyens!... c'est un luxe qui revient très-cher, attendu qu'à chaque fille qu'on épouse... il faut payer une dot à son père.

TCHIN-KAO.

Très-bonne coutume, encouragement moral accordé aux

nombreuses familles... Du reste, la dot que j'ai reçue de Votre Seigneurie était magnifique; il n'y a qu'une chose qui m'embarrasse...

TSING-SING.

Laquelle?

TCHIN-KAO.

Ce sont vos quatre femmes.

TSING-SING.

Elles ne vous embarrassent pas plus que moi! La première est maussade, la seconde colère, la troisième jalouse; mais celles-là ne diront rien, car elles ne sortent jamais de leur chambre ou de leur palanquin. Ce qu'il y a de plus difficile, c'est ma quatrième, ma chère Tao-Jin...

TCHIN-KAO.

Qui est laide?

TSING-SING.

Non, elle est jeune et jolie, mais elle réunit à elle seule les qualités de toutes les autres... sans compter un petit mandarin très-assidu auprès d'elle; et je ne puis la répudier, attendu qu'elle est cousine de l'empereur, au huitième degré.

TCHIN-KAO.

Cousine de l'empereur!

TSING-SING.

Il en a comme ça deux ou trois mille.. C'est égal, cette parenté-là donne à ma doucereuse Tao-Jin le droit de paraître sans voile, de sortir seule et de me faire enrager toute la journée.

TCHIN-KAO.

Elle vous aime donc bien?

TSING-SING.

Du tout : elle ne peut pas me souffrir; mais, fière et hautaine, elle me regarde comme son premier esclave... Tu l'as voulu, Tsing-Sing... tu as voulu, parce que tu étais riche, épouser une princesse qui n'avait rien. Aussi, avec elle, il faut que j'obéisse, et c'est pour commander à quelqu'un que j'ai épousé ta fille...

TCHIN-KAO.

Je vous remercie bien.

TSING-SING.

Mais tout à l'heure, au moment où j'entrais dans la pagode, un exprès m'a appris que ma noble compagne venait d'arriver à mon palais d'été.

TCHIN-KAO.

Aux portes de ce village...

TSING-SING.

C'est cela qui m'a fait hâter mon mariage avec Peki... car tu sens bien que si Tao-Jin était apparue au milieu de la cérémonie...

TCHIN-KAO.

Cela aurait été fort gênant pour ce matin.

TSING-SING.

Et ça le serait encore plus pour ce soir... Ainsi, tu feras préparer le repas et l'appartement nuptial chez toi, dans ta ferme.

TCHIN-KAO.

Quel honneur !...

TSING-SING.

Et d'ici là, si je puis éviter ma quatrième... et ne pas la voir de la journée...

(Apercevant Tao-Jin.)

SCÈNE III.

TCHIN-KAO, TSING-SING, TAO-JIN, paraissant au fond du théâtre, dans un palanquin.

TRIO.

TSING-SING.

Dieu tout-puissant! c'est elle que je vois!

TCHIN-KAO.

A son aspect... comme il tremble d'effroi !

Quel changement soudain !
Lui jadis si hautain,
Qu'il est humble et bénin,
Notre grand mandarin !

TSING-SING.

O funeste destin !

TAO-JIN.

Je bénis le destin
Qui, pour moi plus humain,
Me ramène enfin
Près du grand mandarin !

TSING-SING.

Ah ! ce bonheur insigne
A surpris votre époux !
Et votre esclave indigne
S'incline devant vous.

(Il met un genou en terre.)

TCHIN-KAO.

Que faites-vous, seigneur ?

TAO-JIN, avec dignité.

C'est bien !

TSING-SING, bas à Tchin-Kao.

C'est de rigueur ;
Ma femme est, par malheur,
Du sang de l'empereur.

Ensemble.

TCHIN-KAO.

Quel changement soudain ! etc.

TAO-JIN.

Je bénis le destin ! etc.

TSING-SING.
O funeste destin !
Qui vers moi vous conduit ?

TAO-JIN.
Une grande nouvelle
Que j'ai reçue...

TSING-SING.
Et quelle est-elle ?

TAO-JIN.
Et pour que vous soyez, dans ce jour de bonheur,
Entouré des objets que chérit votre cœur,
J'ai voulu, réprimant mes tendresses jalouses,
Amener avec moi vos trois autres épouses.

TSING-SING, à part.
C'est fait de moi !

TCHIN-KAO, de même.
Quel contre-temps soudain !

TAO-JIN.
Et les voilà chacune en leur beau palanquin.

Ensemble.

TCHIN-KAO.
D'un tel esclavage,
Ah ! comme il enrage !
Et ce mariage
Qui l'attend ce soir !...
Quel parti va prendre
Mon illustre gendre,
Sinon de se pendre
Dans son désespoir ?

TSING-SING.
D'un tel esclavage
De fureur j'enrage !
Et ce mariage
Qui m'attend ce soir !
Comment me défendre ?

Ah! quel parti prendre,
Sinon de me pendre
Dans mon désespoir?

TAO-JIN.

D'avance, je gage,
Rien ne lui présage
Cet heureux message
Qu'il va recevoir.
Si mon cœur trop tendre
Vous le fait attendre,
Ce n'est que pour rendre
Plus doux votre espoir.

TSING-SING.

Mais cette maudite nouvelle...
(Se reprenant.)
Non, non, cette heureuse nouvelle
Qui vous amène ainsi vers nous,
Dites-la donc!...

TAO-JIN.

Mon cœur fidèle
Vous l'apprendra plus tard.

TSING-SING, à Tchin-Kao.

Éloignez-vous.

Ensemble.

TCHIN-KAO.

D'un tel esclavage, etc.

TAO-JIN.

D'avance, je gage, etc.

TSING-SING.

D'un tel esclavage, etc.

(Tchin-Kao sort.)

SCÈNE IV.

TSING-SING, TAO-JIN.

TAO-JIN.

Eh bien ! seigneur, dites encore qu'il n'y a pas d'avantage à épouser une cousine de l'empereur au huitième degré !... Enseveli ici dans cette province de Chan-Toung, dont vous êtes gouverneur, vous ne pouviez vous absenter, ni venir à Pékin, ni paraître à la cour, qui jamais n'a été plus brillante, à ce que m'écrivait dernièrement Nin-Kao, ce jeune mandarin de première classe, et mon cousin au troisième degré...

TSING-SING, à part.

Celui dont je parlais tout à l'heure.

TAO-JIN.

Alors, et dans ma tendresse pour vous, devinez ce que j'ai fait !

TSING-SING.

Je ne m'en doute même pas.

TAO-JIN.

Le prince impérial, qui voyageait depuis un an, revient enfin dans la capitale...

TSING-SING.

Je le sais... Il doit même traverser cette province pour se rendre à Pékin...

TAO-JIN.

Où l'on vient de monter sa maison... Eh bien ! monsieur, l'empereur, à ma demande et à ma considération, a daigné vous nommer à la place la plus flatteuse : il vous a donné le titre de tchangi-long ou premier menin de Son Altesse.

TSING-SING.

Est-il possible !... un tel honneur !...

TAO-JIN.

C'est à moi que vous le devez : une charge magnifique, qui vous donne le droit de rester toujours auprès du prince, de le suivre partout, pendant que moi, je resterai à la cour !

TSING-SING.

Comment ! je ne pourrai pas le quitter ?

TAO-JIN.

D'une seule minute, à moins qu'il ne l'exige... C'est l'étiquette chinoise... et si vous y manquiez, le prince aurait le droit de vous faire trancher la tête.

TSING-SING.

Ah ! mon Dieu ! Par bonheur... je connais le prince, un jeune homme charmant, qui tient beaucoup au plaisir et fort peu à l'étiquette. Je suis un des lettrés de l'empire qui dans son enfance lui donnaient des leçons : il ne venait jamais aux miennes, ce qui ne l'a pas empêché d'être prodigieusement instruit.

TAO-JIN.

Et c'est en récompense de vos soins que l'empereur vous attache à sa personne, et vous donne une place qui, dès aujourd'hui, vous ramène à la cour.

TSING-SING.

Comment ! aujourd'hui ?...

TAO-JIN.

Eh ! oui, vos fonctions commencent de ce moment... Nous ne quitterons plus le prince, et comme il va arriver...

TSING-SING.

Lui... le prince ! (A part, avec embarras.) Et ce soir... mon mariage... comment faire ?...

TAO-JIN.

Tenez... tenez, voyez-vous de loin la bannière impériale... C'est lui... c'est Son Altesse... Quel bonheur ! moi, qui ne l'ai jamais vu...

TSING-SING.

Vous oseriez vous exposer ainsi à ses yeux ?...

TAO-JIN.

Pourquoi pas ?... comme fils de l'empereur, nous sommes parents : c'est un cousin...

TSING-SING.

Elle en a partout ! Et cette foule qui l'environne... braverez-vous aussi leurs regards profanes ?... Rentrez, madame, rentrez...

TAO-JIN.

Vous avez raison, et j'attendrai que le prince soit seul avec vous.

(Elle entre dans la pagode à gauche.)

SCÈNE V.

TSING-SING, LE PRINCE, PEUPLE qui le précède et le suit.

LE CHOEUR.

Ah ! quelle ivresse !
Cet heureux jour
Rend Son Altesse
A notre amour !

TSING-SING.

Ah ! comment faire, en ma détresse,
Pour mettre d'accord en ce jour
Ma dignité nouvelle et mon nouvel amour ?

LE CHOEUR.

Ah ! quelle ivresse !
Cet heureux jour
Rend Son Altesse
A notre amour !
C'est lui ! le voilà de retour !

LE PRINCE.

COUPLETS.

Premier couplet.

J'ai pour guides en voyage
La folie et l'amour,
Je ris lorsque vient l'orage
Et quand vient un beau jour.

Ne jamais voir
Le monde en noir,
Ne blâmer rien,
Trouver tout bien,
C'est le système
Que j'aime.
D'être heureux c'est le moyen.

Deuxième couplet.

S'il est des beautés fidèles,
D'autres ne le sont pas.
Qu'importe! je fais comme elles,
Et je me dis tout bas :

Ne jamais voir, etc.

LE CHOEUR.

Ah! quelle ivresse!
Cet heureux jour
Rend Son Altesse
A notre amour!
C'est lui! le voilà de retour!

LE PRINCE.

Merci, merci, mes bons amis... Nous nous reverrons encore avant mon départ.

(Ils sortent tous.)

SCÈNE VI.

LE PRINCE, TSING-SING.

LE PRINCE.

Vous, Tsing-Sing, demeurez!

TSING-SING.
C'est mon devoir, monseigneur...

LE PRINCE.
Oui, j'ai appris par mon père la nouvelle dignité qui vous attachait à moi, et je m'en félicite... Quand vous étiez au nombre de mes maîtres, je me souviens qu'autrefois vous ne me gêniez guère.

TSING-SING.
Je continuerai avec le même zèle.

LE PRINCE.
J'y compte, et nous partirons dès aujourd'hui...

TSING-SING.
Pour la cour?...

LE PRINCE.
M'en préserve le ciel! Mon père m'y attend pour me marier... et moi, je ne le veux pas, parce qu'il y a quelqu'un au monde que j'aime, qui occupe toutes mes pensées... et cette personne-là, il ne peut pas me la donner!...

TSING-SING.
Et pourquoi donc?... rien n'est au-dessus de son pouvoir... et si c'est une princesse, ou une reine...

LE PRINCE.
C'est bien autre chose.

TSING-SING.
Une impératrice...

LE PRINCE.
Si ce n'était que cela...

TSING-SING.
O ciel!... je comprends, une personne d'une condition inférieure, une de vos sujettes...

LE PRINCE.
Eh! non... et tu vas me regarder comme un insensé, un extravagant... tu ne reconnaîtras plus ton ancien élève...

TSING-SING.

Au contraire... parlez...

LE PRINCE.

Eh bien! cette beauté si séduisante... si ravissante, qui a renversé toutes mes idées...

TSING-SING.

Quelle est-elle?

LE PRINCE.

Je n'en sais rien.

TSING-SING.

Dans quels lieux habite-t-elle?

LE PRINCE.

Je l'ignore!...

TSING-SING.

Et où donc alors l'avez-vous vue?

LE PRINCE.

En songe!

AIR.

Le sommeil fermait ma paupière,
La nuit environnait mes yeux;
Soudain un rayon de lumière
M'éblouit et m'ouvre les cieux!

Je vois, sur un nuage
Et de pourpre et d'azur,
Une céleste image
Au regard doux et pur!
Sur son épaule nue
Tombaient ses blonds cheveux,
Et de sa douce vue
Moi j'enivrais mes yeux...
Quand d'un air gracieux
Me tendant sa main blanche,
Cette fille des cieux
Près de mon lit se penche,
Disant : Ami, c'est moi

Qui recevrai ta foi;
A toi seul mes amours!
Pour toujours...

Et soudain disparut cette jeune immortelle ;
Les nuages légers se refermaient sur elle,
Et sa voix murmurait encor : Toujours... toujours!
(Regardant Tsing-Sing qui sourit.)
Ah! cela vous fait rire,
Et vous ne pouvez croire à ce rêve charmant !
Eh bien ! voici qui semble encor plus étonnant :

Quand la nuit sombre
Ramène l'ombre
Et le sommeil,
Rêve pareil
Pour moi prolonge
Ce doux mensonge,
Et près de moi
Je la revoi !

Au rendez-vous fidèle,
Oui, vraiment c'est bien elle
Qui vient toutes les nuits,
Et dans l'impatience
De sa douce présence
Tous les jours je me dis :

O nuit ! mon bien suprême,
O sommeil enchanteur,
Rendez-moi ce que j'aime
Rendez-moi le bonheur !

Des heures que le sort, hélas ! m'a destinées,
Que ne puis-je à l'instant retrancher les journées ?
Oui, je voudrais, c'est là mon seul désir,
Oui, je voudrais toujours dormir !

O nuit, mon bien suprême, etc.

TSING-SING.

C'est fort extraordinaire... Vous ne l'avez vue qu'en songe ?...

LE PRINCE.

Oui, mon ami.

TSING-SING.

Et depuis ce temps, elle vous est apparue toutes les nuits ?...

LE PRINCE.

Sans en manquer une seule... Tu te doutes bien que dans mes voyages j'ai consulté là-dessus tous les astrologues et les savants de la Chine et du Thibet. Les uns ont prétendu que c'était une habitante des étoiles; d'autres que c'était la fille du Grand-Mogol... une princesse charmante, qui depuis son enfance a disparu de la cour de son père, et qu'un enchanteur a transportée l'on ne sait dans quelle planète... mais tous m'assuraient que c'était celle que je devais épouser !...

TSING-SING.

Je suis de leur avis.

LE PRINCE.

Mais dans quel pays... dans quelle région la rencontrer ?

TSING-SING.

Je n'en sais rien.

LE PRINCE.

Ni moi non plus... mais nous la trouverons... tu m'y aideras, et puisque tu ne dois plus me quitter, nous partirons ensemble dès ce soir.

TSING-SING, à part.

Ah ! mon Dieu ! (Haut.) Cela ne vous serait pas égal demain ?...

LE PRINCE.

Pourquoi cela ?

TSING-SING.

C'est que je suis marié depuis ce matin.

LE PRINCE.

Est-il possible !

TSING-SING.

A la fille de Tchin-Kao, un riche fermier.

LE PRINCE.

Que ne le disais-tu ?... Reste alors, c'est trop juste ! (En souriant.) Est-elle jolie ?

TSING-SING.

Une petite Chinoise charmante !

LE PRINCE.

Pourquoi alors ne me l'as-tu pas présentée ?... Ah ! mon Dieu !... quelle idée ! tu dis qu'elle est charmante... si c'était celle que j'aime et que je cherche...

TSING-SING.

Laissez donc !

LE PRINCE.

Pourquoi pas ? partout je crois la voir, et si seulement elle lui ressemblait...

TSING-SING, à part.

Il ne manquerait plus que cela... et s'il lui prend fantaisie de me l'enlever...

LE PRINCE.

Qui vient là ?...

SCÈNE VII.

LE PRINCE, TSING-SING, TAO-JIN, sortant de la pagode.

TRIO.

TAO-JIN, voilée et s'adressant à Tsing-Sing.

Eh bien !... eh bien ! cher époux !

LE PRINCE.

Que dit-elle C'est ta femme ?

TSING-SING, vivement.
Oui vraiment !

LE PRINCE, la regardant avec curiosité.
    Son épouse nouvelle !

TSING-SING, à part.
Ah ! s'il pouvait me la ravir,
Qu'il me serait doux d'obéir !

Ensemble.

LE PRINCE, regardant Tao-Jin.
Que sa démarche est belle !
Que de grâce et d'attrait !
Oui, tout me dit : c'est elle
Que j'adore en secret !

TSING-SING.
L'aventure est nouvelle !
Et du ciel quel bienfait,
Si ma femme était celle
Qu'il adore en secret !

TAO-JIN, à part, regardant le prince qui la regarde.
Sans le rempart fidèle
De ce voile discret,
D'une flamme nouvelle
Son cœur s'embraserait !

LE PRINCE, à Tao-Jin.
Daignez un instant à mes yeux
Soulever ce voile envieux !

TAO-JIN.
Quoi ! vous voulez ?...

TSING-SING.
    Eh ! oui, ma bonne,
Sitôt que le prince l'ordonne
C'est votre devoir et le mien
D'obéir...

    (Tao-Jin lève son voile.)

LE PRINCE.

Ciel !...

TSING-SING, avec curiosité.

Eh bien ?...

LE PRINCE.

Eh bien !

Ensemble.

LE PRINCE.

O surprise nouvelle !
Ce ne sont point ses traits.
Non, non, ce n'est pas celle
Qu'en secret j'adorais !

TSING-SING, tristement.

Espérance infidèle
Dont mon cœur se berçait,
Ma femme n'est pas celle
Que le prince adorait !

TAO-JIN, regardant le prince.

Oui, je lui semble belle ;
Si mon cœur le voulait,
D'une flamme nouvelle
Le sien s'embraserait !

SCÈNE VIII.

Les mêmes; TCHIN-KAO, PEKI.

QUINTETTE.

TCHIN-KAO.

Pour vous, nobles seigneurs, le repas est servi.

LE PRINCE.

C'est Tchin-Kao, le fermier ?...

TCHIN-KAO.

Oui, mon prince !

LE PRINCE.
Reçois mon compliment ! dans toute la province
(Lui montrant Tao-Jin.)
Je n'ai rien vu, je crois, d'aussi joli
Que ta fille !...

TAO-JIN, s'éloignant avec indignation.
Sa fille !...

TCHIN-KAO.
Eh ! mais... ce n'est pas elle !

TAO-JIN.
Sa fille !... quelle horreur !
Moi cousine de l'empereur !

LE PRINCE, à Tao-Jin.
Eh quoi ! vous n'êtes pas cette beauté nouvelle
Que le seigneur Tsing-Sing ce matin épousa ?

TAO-JIN.
Qu'il épousa !... qu'entends-je ?
(A Tsing-Sing.)
Une nouvelle femme !

TSING-SING, à demi-voix.
Taisez-vous donc !... le prince est là !

TAO-JIN.
Non, je ne puis calmer le courroux qui m'enflamme.
Une cinquième !... à vous !... vous, monsieur, qui déjà...

TSING-SING, de même.
Taisez-vous donc, le prince est là !

TAO-JIN, de même.
Et quelle est-elle ?

TCHIN-KAO, montrant Peki qui arrive voilée.
La voilà !

TOUS.
La voilà !... la voilà !

TAO-JIN.
Le perfide me le paîra !

LE PRINCE, regardant tour à tour Peki et Tsing-Sing.

Et m'abuser ainsi !... pauvres princes, voilà
Comme en tout temps on nous trompa !

Ensemble.

LE PRINCE.

Que sa démarche est belle,
Que de grâce et d'attrait !
Oui, tout me dit : c'est elle
Que j'adore en secret !

TSING-SING.

O souffrance mortelle !
Ah ! de moi c'en est fait !
Mon autre femme est celle
Qu'il adore en secret !

TAO-JIN.

Une flamme nouvelle
En secret l'occupait ;
Le traître, l'infidèle
Ainsi donc nous trompait !

PEKI.

Dans ma douleur mortelle,
Hélas ! si je l'osais,
D'une chance aussi belle
Ah ! je profiterais !

TCHIN-KAO.

Quelle gloire nouvelle !
Quel triomphe complet,
Si ma fille était celle
Que le prince adorait !

TAO-JIN, passant près de Peki et soulevant son voile.

Je connaîtrai du moins ma rivale !

TOUS.

Ah ! grands dieux !

LE PRINCE, regardant Peki.

Non... non, ce n'est pas elle !

TSING-SING, à part.

Ah ! je l'échappe belle !

LE PRINCE, regardant toujours Peki.

Mais d'où viennent les pleurs qui coulent de ses yeux ?

TSING-SING, s'approchant.

Qu'a-t-elle donc ?

PEKI.

Ah ! je ne puis le dire !

TSING-SING.

A moi, votre époux ?

PEKI.

Non.

LE PRINCE.

Mais à moi, mon enfant ?

PEKI.

Vous, monseigneur, c'est différent !
Je crois que j'oserai !

LE PRINCE.

C'est bien ! qu'on se retire !

TSING-SING, avec effroi.

Qui, moi ?... me retirer !

TAO-JIN.

C'est bien fait !

LE PRINCE.

C'est charmant !

TAO-JIN.

Cinq femmes !... ah ! cela mérite châtiment !

Ensemble.

TAO-JIN.

Ah ! d'une telle offense
Je veux avoir vengeance,
Et pareille inconstance
Lui portera malheur !
Oui, pour lui point de grâce.

Je ris de sa disgrâce,
On doit de tant d'audace
Punir un séducteur !

TSING-SING.

J'hésite, je balance,
Je dois obéissance
Et pourtant la prudence
Me fait craindre un malheur !
O tourment ! ô disgrâce !
Que faut-il que je fasse,
Pour conserver ma place
Et garder mon honneur ?

LE PRINCE.

Il hésite ! il balance !
Redoute ma puissance,
Tu dois obéissance
A ton maître et seigneur !
Allons, cède la place,
Nul danger ne menace
Tant d'attraits et de grâce,
Je suis son protecteur !

PEKI.

Quelle reconnaissance !
Ah ! sa seule présence
Vient calmer la souffrance
Dont gémissait mon cœur !
Du sort qui nous menace,
Oui, la crainte s'efface,
D'avance je rends grâce
A mon doux protecteur !

TCHIN-KAO.

Il hésite !... il balance !
Ah ! d'une telle offense
Sa femme aura vengeance,
Pour lui je crains malheur !
Je prévois la disgrâce
Qui déjà le menace,

Il y va de sa place
Ou bien de son honneur!

LE PRINCE, se retournant vers Tsing-Sing qui n'est pas encore parti.

Eh bien!... eh bien!

TSING-SING.

Pardon, je dois rester :
Ma charge me prescrit de ne point vous quitter!

LE PRINCE.

Hormis quand je l'ordonne!

TSING-SING, avec crainte et à demi-voix en montrant Peki.

Au moins, et je l'espère,
Ce n'est pas elle?...

LE PRINCE, souriant.

Eh! non, en vérité!
Ne crains rien, j'aime un rêve, une vaine chimère,
Et ta femme est, hélas!...

TSING-SING.

Une réalité!
(A part.)
Aussi je crains quelques nouvelles trames!

LE PRINCE.

Eh bien! m'entends-tu?...

TSING-SING.

Je m'en vas!

TAO-JIN.

Allons, venez... suivez mes pas!

TSING-SING.

Époux infortuné!... malheureux par mes femmes,
(Montrant Peki.)
Par l'une que je quitte, hélas!
(Montrant Tao-Jin qui l'entraîne.)
Et par l'autre surtout qui ne me quitte pas!

Ensemble.

TAO-JIN.

Ah! d'une telle offense, etc.

Allons, quelle lenteur !
D'où vient cet air d'humeur ?
Votre maître et seigneur
Veille sur votre honneur !

TSING-SING.

J'hésite ! je balance ! etc.

Allons, montrons du cœur
Et de la bonne humeur.
J'obéis sans frayeur
A mon maître et seigneur !

LE PRINCE.

Il hésite ! il balance ! etc.

Allons, quelle lenteur !
D'où vient cet air d'humeur ?
Obéis sans frayeur
A ton maître et seigneur !

PEKI.

Quelle reconnaissance ! etc.

Voyez quelle lenteur,
Quelle mauvaise humeur,
On dirait qu'il a peur
D'un pareil protecteur !

TCHIN-KAO.

Il hésite ! il balance ! etc.

Voyez quelle lenteur,
Quelle mauvaise humeur,
On dirait qu'il a peur
D'un pareil protecteur !

(Tchin-Kao rentre dans la ferme à droite du spectateur, et Tao-Jin sort en emmenant avec elle Tsing-Sing.)

SCÈNE IX.

LE PRINCE, PEKI.

LE PRINCE.

Enfin il nous laisse!... ce n'est pas sans peine!... Eh bien! ma belle enfant, qu'aviez-vous à me dire?... parlez.

PEKI.

Je n'ose plus.

LE PRINCE.

D'où viennent vos chagrins? Ne venez-vous pas de faire un brillant mariage? n'avez-vous pas un époux qui a du pouvoir, de la richesse... et que sans doute vous aimez?...

PEKI, baissant les yeux.

Au contraire, monseigneur, c'est que je ne l'aime pas.

LE PRINCE, à part, en riant.

Ah! mon Dieu!... (Haut.) Je conçois en effet qu'avec sa figure, ses soixante ans et ses quatre précédents mariages, il ne doit guère inspirer de passion... mais au moins, et c'est beaucoup, vous n'en aimez pas d'autre!...

PEKI, baissant les yeux.

Je crois que si!

LE PRINCE, gaiement.

Vraiment!

PEKI.

Yanko, un garçon de ferme de mon père, avec qui j'avais été élevée... mais il n'avait rien... que son amour... ce n'était pas assez pour mon père, qui voulait une dot. Et tout à l'heure, au moment de mon mariage, le pauvre garçon...

(Elle s'interrompt pour pleurer.)

LE PRINCE.

Eh bien?

PEKI.

Eh bien! dans son désespoir, il a couru au cheval de bronze...

LE PRINCE.

Le cheval de bronze... Qu'est-ce que cela?

PEKI.

Vous ne le savez pas... et depuis six mois dans le pays il n'est question que de lui...

LE PRINCE.

Oui, mais moi qui arrive à l'instant même, et qui voyage depuis un an...

PEKI.

C'est juste!... vous n'étiez pas ici! Eh bien! monseigneur, apprenez donc qu'il y a six mois à peu près, on a vu tout à coup apparaître, sur un rocher de la montagne qui est en face de notre ferme, un grand cheval de bronze qui est venu là on ne sait comment... car personne n'aurait pu l'y apporter... et il arrivait sans doute du ciel ou de l'enfer...

LE PRINCE, riant.

Ce n'est pas possible!

PEKI.

Pas possible!...

BALLADE.

Premier couplet.

Là-bas, sur un rocher sauvage,
S'élève ce cheval d'airain!
Sur lui voilà qu'avec courage
S'élance un jeune mandarin.
Soudain au milieu des éclairs
Il part... s'élance dans les airs;
Il s'élève... s'élève encore!
Mais où donc va-t-il?... on l'ignore!
Gardez-vous, pauvre pèlerin,
De monter le cheval d'airain!

Deuxième couplet.

Bientôt sur ce rocher aride
Le coursier était revenu,
Mais de l'écuyer intrépide
Hélas! on n'a jamais rien su,
Jamais il n'a revu ces lieux!
Perdu dans l'espace des cieux,
Là-haut, là-haut, sur un nuage,
Pour toujours peut-être il voyage...
Gardez-vous, pauvre pèlerin,
De monter le cheval d'airain!

Troisième couplet.

Yanko m'aimait dès son jeune âge,
Jugez de son mortel chagrin
Quand il apprit qu'en mariage
Me demandait un mandarin!
Il s'est élancé d'un air fier
Sur ce noir coursier qui fend l'air,
Et là-bas... là-bas... dans la nue,
Disparaissant à notre vue...
Tout mon bonheur a fui soudain,
Ainsi que le cheval d'airain!

LE PRINCE.

Ah! que c'est amusant!... et que ne suis-je avec lui!...

PEKI.

Y pensez-vous?

LE PRINCE.

Moi qui aime les aventures et qui allais en chercher si loin... il y en avait une ici que personne ne pouvait soupçonner ni expliquer...

PEKI.

Si vraiment... Il est venu ici de Pékin des savants, des lettrés, des grands mandarins de l'académie impériale, qui ont fait là-dessus un rapport et une dissertation... comme quoi ils ont prouvé... qu'il y avait là un cheval de bronze!...

LE PRINCE.
La belle avance!... Et ce cheval de bronze, où est-il?

PEKI.
Il n'y est plus... puisque Yanko est monté dessus, et que tout à l'heure tous deux ont disparu... En attendant me voilà mariée, me voilà la femme d'un mandarin que je n'aime pas... et je n'ai osé le dire ni à lui, ni à mon père, qui me fait peur, et qui m'aurait battue ; mais à vous, monseigneur, qui avez l'air si bon, et qui êtes prince... si vous pouviez me démarier..

LE PRINCE.
Hélas! mon enfant, cela ne dépend pas de moi; il y a des lois en Chine ; il faudrait que le mandarin Tsing-Sing consentît lui-même à te répudier... et il n'y a pas l'air disposé.

PEKI.
Lui qui a quatre femmes, et Yanko qui n'en a pas du tout!

LE PRINCE.
Je crois qu'il lui céderait plutôt les quatre autres.

PEKI, pleurant.
Ah! mon Dieu! mon Dieu!... il faudra le garder pour mari... Que je suis malheureuse!...

LE PRINCE.
Allons, console-toi!

PEKI, pleurant toujours.
Me consoler!... et qu'est-ce que je pourrais faire pour me consoler?

LE PRINCE.
A ton âge... il y a bien des moyens... Et puisqu'enfin celui que tu aimais a disparu... puisqu'il ne doit plus jamais revenir...

SCÈNE X.

Les mêmes; TCHIN-KAO.

TCHIN-KAO.

En voici bien d'un autre! et nous ne nous attendions guère à celui-là...

LE PRINCE.

Qu'y a-t-il donc?

TCHIN-KAO.

Le cheval de bronze est revenu...

LE PRINCE et PEKI.

O ciel!...

TCHIN-KAO.

A sa place ordinaire, là-bas sur le rocher!...

PEKI.

Et Yanko?...

TCHIN-KAO.

Avec lui!... (A sa fille qui fait quelques pas pour sortir.) Eh bien! où courez-vous?

PEKI.

Moi, mon père?... c'était par curiosité... c'était pour savoir... pour l'interroger...

LE PRINCE.

Ce soin-là me regarde... Je veux lui parler... qu'il vienne...

TCHIN-KAO, regardant dans la coulisse.

Tenez... tenez, monseigneur, le voici.

LE PRINCE.

Quel air sombre et rêveur!

TCHIN-KAO.

Oui.. un air comme étonné... comme hébété...

PEKI.

Dame! comme quelqu'un qui tombe des nues! le pauvre garçon...

SCÈNE XI.

LES MÊMES; YANKO, qui s'avance lentement.

YANKO, levant les yeux et apercevant Peki.

Ah! Peki!... je vous revois!

PEKI.

Oui, monsieur, et c'est bien mal de donner de pareilles inquiétudes à ses parents... à ses amis... D'où venez-vous, s'il vous plaît?... et où avez-vous été courir ainsi? répondez...

TCHIN-KAO.

Oui, mon garçon, raconte-nous tout ce que tu as vu en route.

YANKO.

Impossible, maître Tchin-Kao, cela m'est défendu...

TCHIN-KAO et PEKI, étonnés.

Défendu!...

LE PRINCE.

Et moi je t'ordonne de parler... moi, le fils de ton souverain...

PEKI, bas à Yanko.

C'est le prince impérial.

YANKO, s'inclinant.

Ah! monseigneur, pardon! mais je serais en présence de l'empereur lui-même, que je n'en dirais pas davantage...

LE PRINCE.

Et pourquoi cela?...

YANKO.

Parce que, si je racontais un seul mot de ce qui m'est

arrivé, de ce que j'ai vu... tout serait fini pour moi, je ne verrais plus Peki... je mourrais à l'instant même...

PEKI, courant à lui et lui mettant la main sur la bouche.

Ah! tais-toi! tais-toi! ne dis rien!

LE PRINCE.

Mourir!...

YANKO, vivement.

Mourir... c'est-à-dire, pis encore!...

TCHIN-KAO.

Et comment cela?

PEKI, à son père.

Voulez-vous bien ne pas l'interroger!... lui surtout qui est bavard... bavard... et qui est capable de causer malgré lui et sans le vouloir... (Écoutant.) Ah! mon Dieu!... quel est ce bruit?

SCÈNE XII.

LES MÊMES; TAO-JIN.

FINALE.

TAO-JIN.

Quel affront! quel outrage infâme
Est fait au sang impérial!
C'est le cortége nuptial
(Montrant Peki.)
Qui du seigneur Tsing-Sing vient emmener la femme!

YANKO.

Et je le souffrirais!

TAO-JIN.

Pour l'honneur de mon rang
Je le tuerais plutôt!

YANKO et PEKI, la regardant avec reconnaissance.

Ah! l'excellente dame!

LE PRINCE.

C'est à moi de vous rendre
(A Tao-Jin.)
Un époux !
(A Peki.)
Un amant !

TAO-JIN.

Non, de me venger il me tarde,
Et c'est moi que cela regarde !

LE PRINCE.

Calmez votre ressentiment !

PEKI et YANKO.

Que j'aime son ressentiment !

TCHIN-KAO, à part.

Ah ! quel caractère charmant !

Ensemble.

TAO-JIN.

Qu'il craigne ma colère,
Et s'il brave mes lois,
Montrons du caractère
Pour défendre mes droits !

YANKO et PEKI.

Bien ! bien ! laissons-la faire ;
D'avance, je le vois,
Son courroux tutélaire
Va défendre nos droits !

LE PRINCE et TCHIN-KAO.

Bien ! bien ! laissons-la faire ;
Elle veut, je le vois,
Montrer du caractère
Et défendre ses droits !

SCÈNE XIII.

LE PRINCE, PEKI, YANKO, TAO-JIN, qui se retire un instant derrière eux, **TCHIN-KAO, TSING-SING,** précédé et suivi d'un riche cortége et porté en palanquin par deux esclaves.

TSING-SING, descendant du palanquin et s'avançant vers Peki.
Venez, mon heureuse compagne,
Rien ne peut s'opposer au bonheur qui m'attend!

TAO-JIN, se montrant et se plaçant entre Peki et Tsing-Sing.
Excepté moi, seigneur!

TSING-SING, à part.
O fatal incident!
C'est mon autre!... je sens que la frayeur me gagne!

TAO-JIN, d'un ton d'autorité.
J'ordonne que vos nœuds soient brisés à l'instant!
Par vous-même!...

TSING-SING, montrant Peki.
Qui? moi! que je la répudie!

TAO-JIN.
Je le veux, ou sinon! et toute votre vie,
De mon courroux craignez l'effet!

TSING-SING.
C'en est trop! et je brave à la fin sa furie!
Quoi qu'il arrive,

(Montrant Tao-Jin.)
Ici je la défie...
De me faire enrager plus qu'elle ne l'a fait!

Ensemble.

TSING-SING.
Je brave sa colère,
Je le veux, je le dois;
J'aurai du caractère
Pour la première fois!

8.

TAO-JIN, stupéfaite.

Il brave ma colère,
Il méprise mes lois ;
Il a du caractère
Pour la première fois !

YANKO et PEKI.

Ah ! le destin contraire
Nous trahit, je le vois ;
Il a du caractère
Pour la première fois !

LE PRINCE, TCHIN-KAO et LE CHOEUR.

Oui, sa femme a beau faire,
Il méprise ses lois,
Et brave sa colère
Pour la première fois !

TSING-SING, prenant la main de Peki.

Oui, partons !

LE PRINCE, s'avançant près de Tsing-Sing.

A mes vœux serez-vous plus propice ?

TSING-SING, un peu troublé.

Au fils de l'empereur je sais ce que je doi !
(Se remettant et avec plus de force.)
Si mes jours sont à lui, mes femmes sont à moi !

TOUS.

Quelle audace !... il refuse !

LE PRINCE.

Il dit vrai ; c'est la loi !
Je l'invoque à mon tour.
(A Tsing-Sing.)
Par ton nouvel emploi,
Tu dois m'accompagner en tous lieux !

TSING-SING.

C'est justice !

LE PRINCE.

Et je t'ordonne ici de me suivre soudain
Dans un voyage où tu m'es nécessaire.

TSING-SING.

En quels lieux, monseigneur?

LE PRINCE.

Sur le cheval d'airain !

TOUS.

O ciel!

TAO-JIN, avec joie.

L'idée est bonne!

PEKI, avec effroi au prince.

Et que voulez-vous faire?

LE PRINCE.

Sur ce hardi coursier m'élancer dans les cieux!
(A Tsing-Sing.)
Tu m'y suivras... en croupe!

(A Yanko.)
On y tient deux,

N'est-il pas vrai?

YANKO.

Sans doute!

LE PRINCE.

Allons, en route!

TSING-SING.

Et si je ne veux pas?

LE PRINCE.

Tu sais ce qu'il en coûte;
Il y va de tes jours! je l'ai dit... je le veux!

Ensemble.

TSING-SING, regardant tour à tour Peki, le prince et Tao-Jin.

Mon Dieu! que dois-je faire?
Faut-il braver sa loi?
Je tremble de colère
Encor plus que d'effroi.

LE PRINCE, YANKO, PEKI, TAO-JIN, TCHIN-KAO et LE CHOEUR,
regardant Tsing-Sing en riant.

Il ne sait plus que faire;

Il tremble, je le vois!
La peur et la colère
Le troublent à la fois!

TSING-SING, au prince.

Exemptez-moi d'un voyage fatal;
Je vais en palanquin, mais jamais à cheval.

TAO-JIN, d'un air triomphant et montrant Peki.

Alors... cédez!

TSING-SING, avec colère.

Jamais!

LE PRINCE, aux gens de sa suite et montrant Tsing-Sing.

Préparez son supplice!

TSING-SING.

Non... non... des deux côtés s'il faut que je périsse,
J'aime mieux, puisqu'ici le choix m'est réservé,
Le trépas le plus noble et le plus élevé!

TOUS.

Il va partir!

TSING-SING, à part.

J'en tremble au fond de l'âme.

TAO-JIN, avec joie.

Il va partir!

TSING-SING, regardant Tao-Jin.

Mais du moins à ma femme
Je n'aurai pas cédé... c'est tout ce que je veux.

LE PRINCE.

Allons! partons, écuyer valeureux!

Ensemble.

LE PRINCE.

Dans le sein des nuages,
Au milieu des orages,
Partons, partons tous deux!
La gloire nous appelle,
Et la mort même est belle
A qui s'élève aux cieux!

TAO-JIN.

Dans le sein des nuages,
Au milieu des orages,
Partez, partez tous deux !
La gloire vous appelle,
Et la mort même est belle
A qui s'élève aux cieux !

TSING-SING.

Dans le sein des nuages,
Au milieu des orages,
Je fermerai les yeux !
Mon courage chancelle,
Et dans ma peur mortelle,
J'implore en vain les cieux !

PEKI et YANKO, regardant le prince.

Dans le sein des nuages,
Au milieu des orages,
Protégez-le, grands dieux !
Et l'amitié fidèle
Qui vers nous le rappelle,
Pour lui fera des vœux !

TCHIN-KAO et LE CHŒUR.

Dans le sein des nuages,
Au milieu des orages,
Ah ! je tremble pour eux !
La gloire les appelle,
Et la mort même est belle
A qui s'élève aux cieux !

PEKI, au prince.

Restez ! restez !... pour vous je tremble, monseigneur !

TSING-SING, à Tao-Jin.

Et pour moi vous n'avez pas peur,
Épouse impassible et cruelle ?

TAO-JIN.

Non, vraiment, car pour vous mon amour est si fort,
Que j'aime mieux vous savoir mort
Que de vous savoir infidèle !

TSING-SING.

C'est aussi par trop me chérir!

LE PRINCE.

Allons!... allons!... il faut partir!

Ensemble.

LE PRINCE.

Dans le sein des nuages,
Au milieu des orages,
Partons, partons tous deux! etc.

TAO-JIN.

Dans le sein des nuages,
Au milieu des orages,
Partez, partez tous deux! etc.

TSING-SING.

Dans le sein des nuages,
Au milieu des orages,
Je fermerai les yeux! etc.

PEKI et YANKO.

Dans le sein des nuages,
Au milieu des orages,
Protégez-le, grands dieux! etc.

TCHIN-KAO et LE CHOEUR.

Dans le sein des nuages,
Au milieu des orages,
Ah! je tremble pour eux! etc.

(Le prince entraîne par le fond Tsing-Sing, qui résiste et finit par le suivre. Pendant que Tao-Jin, Tchin-Kao, Peki, Yanko et le chœur, différemment groupés, les suivent des yeux.)

ACTE DEUXIÈME

Une chambre de la ferme de Tchin-Kao. — Portes à droite et à gauche. Au fond, au milieu du théâtre, une grande croisée qui donne sur la campagne.

SCÈNE PREMIÈRE.

TCHIN-KAO, près d'une table à droite, prenant du thé.

AIR.

Mon noble gendre a donc quitté la terre !
Ma fille est libre et rentre sous ma loi,
Et déjà maint amant se dispute sa foi ;
    Quel doux embarras pour un père !

Ma fille, vrai trésor de jeunesse et d'amour,
Que béni soit l'instant où tu reçus le jour !
Dans ce village obscur où s'écoulait ma vie,
La haine et les chagrins m'accablaient tour à tour ;
Mais depuis que Peki se fait grande et jolie,
On m'aime, on me chérit et l'on me fait la cour.

Ma fille, vrai trésor de jeunesse et d'amour, etc.

Mais, de nos lois suivant le sage privilége,
Voilà deux prétendants qui, dans leur tendre ardeur,
    A ma fille ont offert leur cœur ;
    A moi leur dot, et laquelle prendrai-je ?

    Je suis bon père, aussi je doi
    Choisir ici comme pour moi.
    Mais de quel gendre dans ce jour
    Faut-il donc couronner l'amour ?

L'un possède quelques vertus
Et beaucoup d'écus;
Mais l'autre, c'est embarrassant,
En possède autant.
Comment se décider entre eux,
Moi qui les estime tous deux?

Je suis bon père, aussi je doi, etc.

SCÈNE II.

TCHIN-KAO, PEKI.

TCHIN-KAO, à Péki, qui entre et regarde par la croisée du fond.
Eh bien! tu ne vois rien?

PEKI.

Non, mon père... voilà bien en face de notre ferme le rocher de granit où se place d'ordinaire le cheval de bronze... mais il n'y est plus.

TCHIN-KAO.

Et là-haut?... là-haut, tu ne le vois pas revenir?

PEKI.

Non, vraiment... Pauvre prince!

TCHIN-KAO.

Et mon gendre!... (Buvant.) je crois bien que c'est fini... et qu'on n'en aura plus de nouvelles.

PEKI.

Est-ce terrible? à son âge!... si aimable et si gentil!

TCHIN-KAO.

Mon gendre?...

PEKI.

Non, le prince!

TCHIN-KAO.

C'est sa faute!... Ils sont tous comme ça : l'ambition, le

désir de s'élever... En attendant, ma fille, il paraît que te voilà veuve...

PEKI.

Oui, mon père!...

TCHIN-KAO.

Ne te désole pas... Que veux-tu, mon enfant? nous sommes tous mortels... les mandarins comme les autres.

PEKI.

Oui, mon père...

TCHIN-KAO.

Il faut se dire qu'il était bien vieux et bien laid...

PEKI.

Et quand il a fallu l'épouser, vous me disiez qu'il était si bien... vous lui trouviez tant de bonnes qualités!

TCHIN-KAO.

Il en avait de son vivant... Cette dot qu'il m'avait donnée en t'épousant... toi, ma fille unique... car je n'ai qu'une fille... et c'est ce qui me désole... j'aurais voulu en avoir une douzaine, tant mes enfants me sont chers...

PEKI.

Mon bon père...

TCHIN-KAO.

Et tu seras satisfaite, je crois, du nouveau choix que j'ai fait...

PEKI, étonnée.

Comment, un nouveau choix!

TCHIN-KAO.

Le seigneur Kaout-Chang, un riche fabricant de porcelaine.

PEKI.

Qu'est-ce que vous dites là?

TCHIN-KAO.

C'est ce soir qu'il doit venir avec quelques amis... ainsi, prépare-nous à souper.

SCRIBE. — Œuvres complètes.   IVme Série. — 5me Vol. — 9

PEKI.

Mais ça n'a pas de nom... ce n'est pas possible!... sans me consulter, le jour même de mon veuvage...

TCHIN-KAO.

Dis donc de tes noces... Ne devais-tu pas te marier aujourd'hui?...

PEKI.

Sans doute...

TCHIN-KAO.

Eh bien! tu te maries toujours... Rien n'est changé... que le mari...

PEKI.

Mais celui-là a soixante-dix ans...

TCHIN-KAO.

Je n'aime pas les gendres trop jeunes...

PEKI.

Eh bien! moi... je ne pense pas comme vous... j'ai d'autres idées... et si je me marie, si j'épouse quelqu'un, ce sera Yanko...

TCHIN-KAO.

Yanko... un garçon de ferme! qui a tous les défauts...

PEKI.

Lesquels?...

TCHIN-KAO.

Qui a dix-huit ans... qui n'a rien.

PEKI.

Je l'aime ainsi... Je suis maîtresse de ma main, je suis veuve...

TCHIN-KAO.

Et moi, je vous ordonne...

PEKI.

Je n'ai plus d'ordres à recevoir... car, grâce au ciel, je suis libre...

TCHIN-KAO.

Ça n'est pas vrai... et je ferai ton bonheur malgré toi... voilà comme je suis... Je vais trouver mon nouveau gendre, pour toucher ta nouvelle dot, et je reviens avec lui... Songe à ce que je t'ai dit, et surtout au souper...

PEKI.

Mais, mon père !...

TCHIN-KAO fait un geste de colère, et lève la main pour la frapper. Elle s'incline devant lui.

A la bonne heure ! voilà comme je t'aime !...

(Il sort et ferme les rideaux de la croisée du fond.)

SCÈNE III.

PEKI, seule.

Est-ce terrible, une tendresse paternelle comme celle-là ! C'est qu'il le ferait ainsi qu'il le dit... Ce pauvre prince, qui est si aimable, n'est plus là pour nous protéger, et, sans s'inquiéter de mon consentement, mon père serait capable de me marier encore comme la première fois... Oh ! non pas... et nous verrons !... parce qu'une veuve a une expérience que n'a pas une demoiselle ; car ces pauvres filles...

COUPLETS.
Premier couplet.

Quand on est fille,
Hélas ! qu'il faut donc souffrir !
Dans sa famille
Il faut toujours obéir,
Sitôt chez nous qu'à bavarder
On voudrait se hasarder,
Mon père dit en courroux :
Taisez-vous !
Les parents, toujours exigeants,
Ne veulent en aucun temps

Laisser parler leurs enfants ;
Mais quand on a son mari,
Ce n'est plus ça, Dieu merci !
Attentif et complaisant,
Il écoute galamment.

  Quand on est femme
On parle, et je parlerai
  Sans que réclame
Yanko, que je charmerai.
Car Yanko n'a pas un défaut :
 Loin de commander tout haut,
 Il ne dit jamais un mot ;
Oui, Yanko n'a pas un défaut :
 Loin de commander tout haut,
 Il m'obéirait plutôt.
Voilà l'époux qu'il me faut.

Deuxième couplet.

  Quand on est fille
Il faut au fond de son cœur,
  De sa famille,
Hélas ! supporter l'humeur.
Je sais que mon père a bon cœur,
Mais dès qu'il entre en fureur
Gare à qui tombe soudain
  Sous sa main ;
Et contre moi, sa seule enfant,
 Il s'emporte à chaque instant
 Et me bat même souvent ;
Mais quand on a son mari,
Ce n'est plus ça, Dieu merci !
Yanko, je le dis tout bas,
Yanko ne me battrait pas.

  Quand on est femme
On est seule à commander,
  Devant madame
Yanko va toujours céder,
Car Yanko n'a pas un défaut :

Lorsqu'on lui dit un seul mot
Son cœur s'apaise aussitôt;
Oui, Yanko n'a pas un défaut :
Loin de me battre, en un mot,
Moi je le battrais plutôt;
C'est là l'époux qu'il me faut.

(Regardant à droite.)

C'est lui!... C'est étonnant comme il a l'air triste depuis son voyage en l'air!

SCÈNE IV.

PEKI, YANKO.

YANKO.

Ah! c'est vous, madame?

PEKI.

Madame!... pourquoi me donnes-tu ce nom-là?

YANKO.

Parce qu'il ne peut pas vous échapper... (Regardant en l'air.) D'abord un mari qui, à chaque instant, peut nous tomber sur la tête, et puis, comme si ce n'était pas encore assez, votre père vient d'annoncer à toute la maison qu'il attendait un nouveau gendre...

PEKI.

Qu'importe, si je refuse?

YANKO.

Vous n'oserez pas!... vous aurez peur... et vous ferez comme la première fois, vous oublierez Yanko.

PEKI.

Et si j'ai un moyen infaillible d'empêcher ce mariage...

YANKO.

Lequel?

PEKI.

D'en épouser un autre... sur-le-champ... et sans en rien dire à mon père...

YANKO.

O ciel!

PEKI.

Est-ce là un bon moyen?

YANKO.

C'est selon... selon la personne que vous choisiriez !

PEKI.

Dame !... c'est pour cela que je demande conseil...

YANKO.

Eh bien! mam'zelle, qui prendrez-vous pour mari?

PEKI.

Toi, si tu veux?

YANKO, avec joie.

Ah! ce n'est pas possible!... vous n'oseriez jamais !

PEKI, tendrement.

J'oserai... je le jure... (Vivement.) Et pourquoi pas? si tu m'aimes.

YANKO, vivement.

Oh! toujours!

PEKI.

Si tu m'es resté fidèle, si tu n'as rien à te reprocher...

YANKO, secouant la tête.

Oh! pour ce qui est de ça... il est possible qu'il y ait bien des choses à dire...

PEKI, d'un air de reproche.

Comment! monsieur, ici, dans ce village?

YANKO.

Oh! non, jamais... et si j'y étais toujours resté...

PEKI.

Mais vous n'en êtes sorti qu'une fois... c'est donc quand

vous êtes parti sur ce cheval de bronze? Voyez-vous comme c'est dangereux, les voyages!... Et où avez-vous été? qu'est-ce qu'il vous est arrivé?... je veux tout savoir.

YANKO.

Écoutez, mademoiselle Peki, si vous l'exigez... je vous le dirai, parce qu'avant tout je dois vous obéir... mais si je parle, ce sera mon dernier jour, et nous serons séparés à jamais.

PEKI.

Ah! mon Dieu!

YANKO.

Après tout... c'est justice!... je l'ai mérité, je dois être puni... et pourvu que vous me regrettiez quelquefois... je vais vous dire...

PEKI.

Non, monsieur, non... je ne veux rien apprendre... quoique j'en aie bien grande envie, et à cause de votre repentir et du chagrin où je vous vois... je vous pardonnerais peut-être si je savais seulement jusqu'à quel point vous avez été coupable...

YANKO.

Vous savez bien que je ne peux rien dire... et il faut pardonner de confiance...

PEKI.

C'est terrible, un secret comme celui-là! Allons, monsieur, puisqu'il le faut, je pardonne, (Vivement.) à condition que cela ne vous arrivera plus.

YANKO, regardant en l'air.

Oh! non... il n'y a plus moyen.

PEKI.

C'est rassurant!...

YANKO.

Non, ce n'est pas cela que je veux dire...

PEKI.

Eh bien! monsieur, écoutez-moi : ce soir même, pendant le souper que mon père donne à son gendre, et auquel les femmes n'assistent pas... je sortirai sans bruit par la porte du jardin, où tu m'attendras!

YANKO.

Et où irons-nous? qui protégera notre fuite?

PEKI.

Ne t'inquiète donc pas! une grande dame qui veille sur nous... ma collègue! l'autre femme du seigneur Tsing-Sing.

YANKO.

Elle qui est si méchante!

PEKI.

Elle ne l'est qu'avec son mari, les grandes dames sont comme cela... Tais-toi, la voici!

SCÈNE V.

Les mêmes ; TAO-JIN.

TAO-JIN, entrant sur la pointe des pieds.

A merveille!... je m'attendais à vous rencontrer ensemble.

YANKO, à Peki.

Vous lui avez donc tout raconté?

PEKI,

Eh! mon Dieu, oui! quand on a le même mari, on se trouve liées tout de suite.

TAO-JIN, avec sentiment.

Et puis quand le malheur vous rassemble, quand toutes deux et le même jour on est veuve... (D'un air indifférent.) Car décidément je ne crois pas qu'il revienne de si loin... mais enfin, si cela arrivait, je ne veux pas qu'il vous retrouve ici.

PEKI.

Non, madame.

TAO-JIN.

Pour que personne ne puisse vous reconnaître ni savoir ce que vous êtes devenue, vous vous procurerez d'ici à ce soir des habillements d'homme...

YANKO.

Je m'en charge.

TAO-JIN.

Puis, à la nuit close, vous trouverez à la porte du jardin mes gens et mon palanquin, qui vous transporteront au pied de la montagne d'Or, dans un palais qui m'appartient, où un bonze à qui vous remettrez ces tablettes vous mariera sur-le-champ.

PEKI.

Quel bonheur!... et vous, madame?

TAO-JIN.

Je retourne dès demain à Pékin, près de quelques amis, pour y passer le temps de mon deuil... (Gaiement.) C'est bien triste... mais enfin il faut se faire une raison...

PEKI.

C'est ce que je me dis... et quant à la colère de mon père, une fois le mariage fait...

YANKO.

Je n'aurai plus peur de lui!

(On entend Tchin-Kao appeler en dehors : *Yanko!*)

YANKO, effrayé.

Ah! mon Dieu! il appelle!

TAO-JIN.

Adieu, mes enfants, à ce soir!

(Peki sort par la gauche et Yanko par la droite.)

SCÈNE VI.

TAO-JIN, seule.

AIR.

Ah! pour un jeune cœur, triste et cruelle épreuve,
Quels tourments que ceux d'une veuve!
Le désespoir dans l'âme et les pleurs dans les yeux,
Plus de bal, plus de fête, ah! son sort est affreux!...
(Souriant.)
Et pourtant libre enfin d'un joug que l'on abhorre,
On peut déjà penser à celui qu'on adore,
On peut rêver d'avance un plus heureux lien,
Et puis le deuil me va si bien!

O tourments du veuvage,
Je saurai vous subir,
Et j'aurai le courage
De ne pas en mourir.

Allons, prenons patience,
Et les amours
Vont bientôt par leur présence
Charmer mes jours.
O vous que toute ma vie
J'ai révérés,
Plaisirs et coquetterie
Vous reviendrez.

Je vous revois, beaux jours que je pleurais!
Par vous les fleurs succèdent aux cyprès.
Adieu vous dis, et chagrins et regrets,
Les jours de deuil sont passés pour jamais.

SCÈNE VII.

TAO-JIN, TSING-SING.

(Pendant la ritournelle de l'air précédent, les rideaux de la croisée du fond se déchirent. — On aperçoit en dehors le cheval de bronze sur le rocher de granit qui touche à la fenêtre. — Tsing-Sing, qui vient de descendre de cheval, s'avance en chancelant comme un homme encore tout étourdi.)

TAO-JIN, se retournant et l'apercevant.

O ciel! en croirai-je mes yeux?
C'est lui!... c'est mon mari de retour en ces lieux.

DUO.

TSING-SING, à part et s'avançant au bord du théâtre pendant que Tao-Jin remonte vers le fond.

Ah! quel voyage téméraire,
Dans les airs prendre ainsi son vol!
Je respire!... je suis sur terre,
Enfin j'ai donc touché le sol!...
Près d'une beauté que j'adore,
En ces lieux où l'amour m'attend,
(Se frottant les mains.)
Je vais...
(Se retournant et apercevant Tao-Jin, à part.)
Allons, c'est l'autre encore!
Je la revois pour mon tourment!

TAO-JIN.

Quoi! c'est vous, seigneur!

TSING-SING, haut.

Oui, madame!
Moi qui pour vous descends des cieux!

TAO-JIN.

Et le prince?...

TSING-SING.

Calmez votre âme.
Il est resté...

TAO-JIN.

Pourquoi?...

(Voyant qu'il garde le silence.)
Parlez donc!...je le veux!
Comment? vous gardez le silence!
Répondez-moi!

TSING-SING.

Je ne le peux!

TAO-JIN.

D'où vient donc cette défiance?

TSING-SING.

Je dois me taire et je le veux,
Parler serait trop dangereux!

TAO-JIN, le cajolant.

Vous avez donc dans ce voyage
Vu des objets bien merveilleux?

TSING-SING.

Sans doute!

TAO-JIN, de même.

Et vous pourriez, je gage,
M'en faire un récit curieux?

TSING-SING.

Certainement!

TAO-JIN, de même.

D'avance moi j'admire;
C'est donc bien beau!... bien somptueux!

TSING-SING, s'oubliant.

Je crois bien!... car d'abord...

(S'arrêtant.)
Mais je ne veux rien dire;
Non... non... je ne veux rien dire!

TAO-JIN, le suppliant.

Ah! mon mari,
Mon petit mari,
Si vous voulez que je vous aime,

Parlez, parlez à l'instant même,
Et de moi vous serez chéri !

Ensemble.

Vous parlerez...

TSING-SING.

Je ne dis mot.

TAO-JIN.

Et pourquoi donc?

TSING-SING.

C'est qu'il le faut.

TAO-JIN.

Vous me direz...

TSING-SING.

Parlez plus bas !

TAO-JIN.

Oui, je le veux.

TSING-SING.

Je ne veux pas !

TAO-JIN, avec colère.

Ah ! je perds patience
Avec un tel époux !
Gardez donc le silence,
Je ne veux rien de vous !

TSING-SING, avec humeur.

Ah ! je perds patience !
Ma femme, taisez-vous !
Oui, gardez le silence,
Ou craignez mon courroux !

(Après un instant de silence.)

Ah ! quel doux ménage est le nôtre !
En descendant du ciel, se trouver en enfer !

(Regardant autour de lui.)

Si du moins j'apercevais l'autre !

TAO-JIN, avec ironie.

Cette jeune beauté dont l'aspect vous est cher !

(Se rapprochant de lui et prenant un air de douceur.)
Eh bien! donc, vous allez connaître
Si je suis bonne et si je vous aimais!
De l'épouser demain je vous laisse le maître!

TSING-SING, avec joie.

Vraiment!... ma chère femme!!

TAO-JIN.

Mais
Voici la clause que j'y mets!

TSING-SING, avec chaleur.

Je m'y soumets! d'avance, je l'atteste!

TAO-JIN, d'un air câlin.

C'est de m'apprendre les secrets
Que vous avez surpris là-haut!...

TSING-SING.

Un sort funeste
M'en empêche!

TAO-JIN.

Comment cela?

TSING-SING.

D'y penser j'en frémis déjà :
Si j'osais révéler ce terrible mystère,
Si je le trahissais par un mot... un seul mot,
Prononcé par hasard et même involontaire,
Vous verriez votre époux se changer en magot!

TAO-JIN, joignant les mains.

En magot!!

TSING-SING.

En statue ou de bois ou de pierre!

TAO-JIN, de même.

En magot!!

TSING-SING.

Si j'osais révéler ce mystère!

TAO-JIN, d'un air caressant.

Ah! mon mari,

Mon petit mari,
Si vous voulez que je vous aime,
Parlez, parlez à l'instant même,
Et de moi vous serez chéri!

Ensemble.

Vous parlerez...

TSING-SING.

Je ne dis mot.

TAO-JIN.

Mais cependant...

TSING-SING.

Non, il le faut.

TAO-JIN.

Si je le veux...

TSING-SING.

Parlez plus bas.

TAO-JIN.

Moi je le veux!

TSING-SING.

Je ne veux pas.

TAO-JIN, avec colère.

Ah! je perds patience
Avec un tel époux!
Gardez donc le silence,
Je ne veux rien de vous!

TSING-SING, avec colère.

Ah! je perds patience!
Ma femme, taisez-vous!
Oui, gardez le silence,
Ou craignez mon courroux!

(A la fin de cet ensemble, Tsing-Sing impatienté va se jeter dans un fauteuil à gauche.)

Qu'il ne soit plus question de cela!... et puisqu'il n'y a pas moyen de vous faire entendre raison, je ne vous répondrai plus!

TAO-JIN.

Eh bien! plus qu'un mot!... (S'approchant de lui.) Quoi ! vraiment, si malgré vous, et sans le vouloir, ce secret-là vous échappait, vous seriez changé à l'instant même en statue de bois?

TSING-SING.

Oui!

TAO-JIN.

En magot?

TSING-SING.

Oui!

TAO-JIN.

Serait-il comme les autres, peint et colorié?

TSING-SING, avec colère et se rejetant dans le fauteuil.

C'en est trop !... et quoi que vous demandiez, quoi que vous puissiez me dire maintenant, je n'ouvrirai plus la bouche!

TAO-JIN, près du fauteuil.

C'est ce que nous verrons; et pour commencer, je ne consens plus à votre nouveau mariage... (Geste d'impatience de Tsing-Sing, qui veut parler et qui s'arrête.) Je ne vous quitterai plus... (Même jeu.) Je ne vous laisserai pas seul un instant avec votre nouvelle femme... (Même jeu.) Et bien plus, je la ferai disparaître de vos yeux!

TSING-SING, éclatant et se levant.

Vous oseriez!...

TAO-JIN.

Je savais bien que je vous ferais parler... Adieu, adieu ! (A part.) Courons tout préparer pour le départ de Peki.

(Elle sort.)

SCÈNE VIII.

TSING-SING, seul, se rejetant dans le fauteuil.

Elle ne sait qu'inventer pour me faire enrager! Dans ce moment surtout où je n'ai pas même la force de me mettre en colère... car je tombe de faim, de sommeil et de fatigue... Quand on a passé la journée à cheval... non pas que la route soit mauvaise... (Commençant à s'endormir.) Mais elle est longue... et ce maudit cheval était si dur... surtout en allant, où nous étions deux... et puis, arrivés là-bas, c'était bien autre chose...

(Il s'endort tout à fait.)

SCÈNE IX.

TSING-SING, endormi sur le fauteuil à gauche; TCHIN-KAO et PEKI, entrant par la gauche derrière lui.

TCHIN-KAO.

Oui, mon enfant, tous mes convives et mon nouveau gendre seront ici dans un instant...

PEKI, regardant vers le fond.

Ah! grand Dieu!

TCHIN-KAO, à Peki.

Qu'as-tu donc?

PEKI.

Le cheval de bronze qui est de retour... (Montrant Tsing-Sing.) et lui aussi!

TCHIN-KAO.

Le mandarin!

PEKI.

Je crois qu'il dort...

TCHIN-KAO.

Qu'est-ce qui diable le ramène? Il y a des gens qui ne peuvent rester nulle part!

PEKI, à part.

Et Yanko qui va venir ici au rendez-vous!

TCHIN-KAO.

Et mon second gendre qui va arriver... je n'en serai pas quitte pour une double bastonnade.

PEKI.

Ce que c'est aussi que de vous presser!

TCHIN-KAO.

Ne te fâche pas... je cours retirer ma parole, et prier Kaout-Chang d'attendre... ce qui ne doit pas être bien long... (Se frappant la tête.) Ah! mon Dieu!... et tous mes autres convives que je n'aurai jamais le temps de décommander... Pourquoi les aurai-je invités?...

PEKI.

Oui, pourquoi?

TCHIN-KAO.

Pour le retour de celui-ci... ce sera toujours pour fêter un gendre... Je reviens avec eux et tous les musiciens du pays... (Montrant Tsing-Sing.) Une surprise que je lui réserve... une aubade, une sérénade en son honneur... Je crois que cela fera bien, et qu'il y sera sensible...

TSING-SING, dormant.

Ma femme!...

TCHIN-KAO.

Il l'appelle!...

PEKI.

Eh non! c'est l'autre!

TSING-SING, de même.

Peki!...

TCHIN-KAO.

Tu vois bien!...

PEKI.

Non... il dort toujours.

TCHIN-KAO, sortant sur la pointe du pied par la porte du fond.
Adieu !... Reste là !

SCÈNE X.

TSING-SING, toujours endormi ; PEKI, puis YANKO, sortant de la porte à droite.

TRIO.

TSING-SING, rêvant tout haut.
Ma femme... ma femme... à souper...
Il vaut mieux être en son ménage !
Que d'être encore à galoper...
A cheval sur un nuage !

PEKI.
Il rêve en dormant !
(Se retournant et apercevant Yanko qui vient d'entrer, tenant un paquet à la main.)
Ah ! grands dieux !
Yanko qui revient en ces lieux !

YANKO, apercevant Tsing-Sing.
Que vois-je ?
(Il laisse tomber sur une chaise le paquet qu'il tenait.)
C'est lui !

PEKI.
Du silence !

YANKO, stupéfait.
Comment, le voilà de retour !

PEKI.
Hélas, oui !

YANKO.
Sa seule présence
Détruit tous mes rêves d'amour !

Ensemble.

TSING-SING, rêvant.

L'amour m'attend... douce espérance,
Enfin me voilà de retour !

PEKI et YANKO.

Pour nous, sa funeste présence
Détruit tous nos rêves d'amour.

TSING-SING, rêvant.

Allez, esclaves, qu'on prépare...
Notre appartement nuptial !

YANKO.

Qui, moi, souffrir qu'on nous sépare ?
Plutôt immoler ce rival !

PEKI, à voix basse.

Écoute-moi !
Je ne puis à présent m'éloigner avec toi,
Mais je partirai seule, et j'irai sans effroi
Aux pieds de l'empereur implorer sa justice,
Pour rompre cet hymen et dégager ma foi !

YANKO.

Tu l'oserais ?

PEKI.

Le ciel propice
Protégera ma fuite et veillera sur moi !

TSING-SING, rêvant.

A souper, ma femme... ma femme...

PEKI.

Ah ! la frayeur glace mon âme !

Ensemble.

PEKI.

Va-t'en ! va-t'en ! c'est mon mari,
J'ai peur qu'il ne s'éveille ici !

YANKO.

Ah ! ne crains rien de ton mari,
Tu vois bien qu'il est endormi !

TSING-SING, rêvant.

Ah! quel bonheur pour un mari
De reposer enfin chez lui!

YANKO.

Je pars... mais que j'entende encore
Un mot, un dernier mot d'amour!

PEKI.

Yanko, c'est moi qui vous implore,
Éloignez-vous de ce séjour!

YANKO.

Quoi! te quitter à l'instant même...

PEKI.

Eh bien! tu le sais, oui, je t'aime!...
      Je t'aime!...

Mais...
Va-t'en! va-t'en! c'est mon mari,
Je crains qu'il ne te voie ici.

YANKO.

Ah! ne crains rien de ton mari,
Tu vois bien qu'il est endormi!

TSING-SING, rêvant.

Ah! quel bonheur pour un mari
De se trouver enfin chez lui!

PEKI, à Yanko.

Partez... partez... je vous supplie...

YANKO, avec chaleur.

Vous perdre, c'est perdre la vie!

PEKI, lui imposant silence.

Pas si haut!... il me fait trembler!

YANKO, baissant la voix.

Eh bien! je me tais... mais par grâce,
Un seul baiser!...

PEKI.

      Ah! quelle audace!
Le bruit pourrait le réveiller.

Non... non... je défends qu'on m'embrasse!

YANKO.

Il le faut... ou je reste ici!

PEKI.

Alors, dépêchez-vous, de grâce...

(Yanko l'embrasse.)

Ensemble.

PEKI.

Va-t'en! va-t'en! c'est mon mari!
Je crains qu'il ne te voie ici!

YANKO.

Ah! ne crains rien de ton mari,
Tu vois bien qu'il est endormi!

TSING-SING.

Ah! quel bonheur pour un mari
De se trouver enfin chez lui!

(Yanko sort.)

SCÈNE XI.

TSING-SING, endormi, **PEKI**, prenant le paquet apporté par Yanko.

FINALE.

PEKI.

Dépêchons-nous de partir!... prenons vite
Ces habits d'homme et ce déguisement
Qui doivent assurer ma fuite!

(Elle va pour sortir par la porte à gauche.)

TSING-SING, rêvant tout haut.

Les beaux jardins!

PEKI, revenant près de lui.

Que dit-il?

TSING-SING.

C'est charmant!
Voyez-vous pas ce palais magnifique?

PEKI.

Écoutons bien !

TSING-SING, rêvant.

Ce bracelet magique...

PEKI.

Un bracelet magique !...

TSING-SING, rêvant.

Il faut s'en emparer !...
O voluptés... qui viennent m'enivrer !

PEKI.

Si je pouvais savoir !...

TSING-SING, rêvant.

Oh ! oui, belle princesse,
Je me tairai, vous avez ma promesse,
Et j'ai trop peur... non, je ne dirai pas !

(Sa voix s'est affaiblie peu à peu et il continue tout bas.)

PEKI, à genoux près du fauteuil et prêtant toujours l'oreille.

Il parle encore... il parle bas !...
Écoutons bien...

(Elle écoute.)

Ciel !...

(Écoutant encore.)

O surprise extrême !...
Quoi ! c'est là que Yanko... que le prince lui-même...

(Avec joie.)

Ce secret qu'il cachait à mes vœux empressés,
Il vient de le trahir malgré lui... je le sais !
Ah ! quel bonheur ! je le sais !... je le sais !...

(Regardant par la porte du fond.)

C'est mon père !... partons !

(Elle sort par la porte à droite.)

SCÈNE XII.

TSING-SING, sur le fauteuil à gauche; **TCHIN-KAO**, paraissant à la porte du fond; SES AMIS, et PLUSIEURS MUSICIENS portant des instruments de musique chinois.

TCHIN-KAO, au fond.
>En bon ordre avancez!

(Regardant Tsing-Sing.)
Il dort encor!... tant mieux!
(Aux musiciens et aux chanteurs qu'il a disposés derrière Tsing-Sing, autour du fauteuil.)
>Êtes-vous tous placés?

Qu'une aimable harmonie arrive à son oreille
Et par un bruit flatteur doucement le réveille!
>(Tenant à la main le bâton de mesure.)
>C'est bien!... c'est bien!... commencez!

TCHIN-KAO, LE CHOEUR et LES MUSICIENS, commençant piano.
>Miroir d'esprit et de science,
>O vous que nous admirons tous,
>>Éveillez-vous!
>Astre de gloire et de puissance,
>Dont le soleil serait jaloux,
>>Éveillez-vous!
>Pour adorer Votre Excellence,
>Nous venons tous à vos genoux;
>>Éveillez-vous!
>Grand mandarin, éveillez-vous!

TCHIN-KAO.
C'est étonnant!... il dort encor!
Chantons, amis, un peu plus fort!

LE CHOEUR, reprenant et allant toujours crescendo.
>Miroir d'esprit et de science,
>O vous que nous admirons tous,
>>Éveillez-vous!

TCHIN-KAO.

Plus fort! plus fort!
Encor
Un peu plus fort!

LE CHŒUR, augmentant toujours de bruit.

Astre de gloire et de puissance,
Dont le soleil serait jaloux,
Éveillez-vous!

TCHIN-KAO.

Plus fort! plus fort!
Encor
Plus fort!

LE CHŒUR, augmentant toujours.

Pour adorer Votre Excellence,
Nous venons tous à vos genoux;
Éveillez-vous!

TCHIN-KAO.

Plus fort! plus fort!
Encor
Plus fort!

TOUS, avec tout le déploiement de l'orchestre.

Ah! c'est inconcevable!
C'est à faire trembler.
Quoi! ce bruit effroyable
Ne peut le réveiller!

SCÈNE XIII.

LES MÊMES; YANKO, arrivant tout effrayé de la porte à droite.

YANKO.

Ah! quel bruit! quel vacarme affreux!
J'accours tremblant!... est-ce la foudre
Qui vient de tomber en ces lieux?

TCHIN-KAO.

C'est mon gendre qui dort et ne peut se résoudre
A s'éveiller!

YANKO.
Pas possible!

TCHIN-KAO.

Il est sûr
Qu'il a le sommeil un peu dur!
Car nous avons mis en usage
Toute la musique à tapage
Que la Chine peut employer.
Il nous faudrait pour l'éveiller
Des musiciens de l'Europe!

(S'approchant de Tsing-Sing et le prenant respectueusement par le bras.)
Allons, mon gendre!...

(Avec effroi.)

O ciel! je sens là sous mes doigts
Ses membres que durcit une épaisse enveloppe!
Ce n'est plus de la chair!...

(Le tâtant.)

C'est du marbre ou du bois;
(Le frappant sur la tête avec le bâton de mesure qu'il tient à la main.)
Ce front savant n'est plus qu'une tête de bois!

TOUS.

O miracle! ô prodige!
Je tremble de frayeur!
Et tout mon sang se fige
D'épouvante et d'horreur!

TCHIN-KAO.

Quoi! ce grand mandarin n'est plus qu'une statue?
D'où peut venir un pareil changement?

YANKO, riant.

J'y suis... et de moi seul la cause en est connue.
(Se jetant en riant dans le fauteuil à droite.)
Je n'ai plus de rival!... ah! ah! ah! c'est charmant!

TCHIN-KAO, à Yanko.

Tu sais donc...

YANKO, riant toujours.

Ah! ah! ah!

TCHIN-KAO.

D'où vient cet accident?

YANKO, riant.

Rien n'est plus simple... et ce voyage...
Il aura parlé, je le gage...
Il aura dit...
(Voyant tous les assistants qui se groupent autour de son fauteuil et écoutent.)
Sont-ils donc curieux!
(Tchin-Kao les éloigne et revient se baisser près du fauteuil de Yanko.)

YANKO, riant toujours.

Il aura dit...

TCHIN-KAO.

Quoi donc?
(Écoutant Yanko qui lui parle bas à l'oreille.)
Vraiment?
(Écoutant toujours.)
C'est merveilleux!

Et puis... achève...
(Regardant Yanko, qui tout à coup reste immobile et dans la position où il était en parlant.)
Eh bien!... le voilà qui s'endort!

(L'appelant.)
Yanko! Yanko!

TOUS, l'appelant aussi.

Yanko! Yanko!

TCHIN-KAO.

Plus fort
Plus fort!
Plus fort!
Encor
Plus fort!

TOUS.

Ah! c'est inconcevable!
C'est à faire trembler!

Quoi! ce bruit effroyable
Ne peut le réveiller!

TOUS.

Yanko! Yanko! Yanko!

SCÈNE XIV.

LES MÊMES; PEKI, sortant de la porte à droite; elle a des habits d'homme; TAO-JIN, sortant de la porte à gauche un instant après.

PEKI, avec effroi.

Yanko! Yanko! pourquoi l'appelez-vous ainsi?

TCHIN-KAO, apercevant Peki habillée en homme.

Peki sous ce costume!...

PEKI, dans le plus grand trouble.

Eh! qu'importe, mon père?

TAO-JIN.

Qu'est-il donc arrivé?

PEKI.

Quel bruit a retenti?

TCHIN-KAO, à Tao-Jin.

Ce qu'il est arrivé!... voilà votre mari
Qu'on a changé... voyez!

(A Peki.)

Et ce n'est rien, ma chère,
Yanko de même!...

PEKI et TAO-JIN, regardant l'une Yanko, et l'autre Tsing-Sing.

O ciel! il a parlé!

TCHIN-KAO.

Oui sans doute, il m'a révélé
Que là-haut...

(S'arrêtant.)

Qu'allais-je faire?
Ah! taisons-nous! en voilà deux déjà;
C'est bien assez de magots comme ça!

Ensemble.

TAO-JIN.

Oui, sur ce mystère
Il n'a pu se taire,
Le destin sévère
Vient nous séparer !
Destin que j'ignore,
Qui dès mon aurore
Me rend veuve encore !
Dois-je en murmurer ?

PEKI.

O Dieu tutélaire
Qui vois ma misère,
Que pourrais-je faire
(Montrant Yanko.)
Pour le délivrer ?
Pour lui que j'adore,
Amour, je t'implore,
Sois mon guide encore
Et viens m'inspirer !

TCHIN-KAO.

Oui, je veux me taire,
Et de moi, ma chère,
Effroi salutaire
Vient de s'emparer !
Péril qu'on ignore
Est plus grand encore !
Mon Dieu ! je t'implore,
Viens nous inspirer !

LE CHŒUR.

O fatal mystère !
O destin contraire !
Que pourrions-nous faire
Pour les délivrer ?
Péril qu'on ignore
Est plus grand encore !
O Dieu que j'implore,

Viens nous inspirer!
(Montrant Tsing-Sing et Yanko.)
Qu'en ferons-nous en attendant?

TAO-JIN.

Pour leur trouver un gîte et brillant et commode,
Transportons-les dans la grande pagode,
Dont ils seront le plus bel ornement!

PEKI, regardant Yanko.

Ah! pour le rendre à sa forme première,
Si j'employais
Les terribles secrets
Que j'ai surpris ici...
De mon mari!...

Ensemble.

TAO-JIN.

Oui, sur ce mystère, etc.

PEKI.

O Dieu tutélaire, etc.

TCHIN-KAO.

Oui, je veux me taire, etc.

LE CHŒUR.

O fatal mystère! etc.

PEKI, à part, avec exaltation.

Oui, j'en crois mon courage et l'ardeur qui m'enflamme!
S'ils ont tous succombé, c'est à moi, faible femme,
Qu'est réservé l'honneur de l'emporter!
Et cette épreuve... eh bien! j'oserai la tenter!
(Elle s'élance vers la porte à droite qu'elle referme sur elle.)

TCHIN-KAO, regardant Peki.

Eh bien donc! où va-t-elle?
(On voit, par la fenêtre du fond, Peki s'élancer sur le cheval de bronze, qui l'enlève, et disparaît avec elle.)

TCHIN-KAO et LE CHŒUR.

O terreur nouvelle!

Funeste destin!...
(Regardant dans la coulisse à gauche et en l'air.)
La voyez-vous là-haut!... là-haut!... là-haut!... c'est elle
Qui disparaît sur le cheval d'airain !

TOUS, revenant au bord du théâtre.
Ah! c'est inconcevable !
C'est à faire frémir !
D'une audace semblable
Je ne puis revenir!

ACTE TROISIÈME

Un palais et des jardins célestes au milieu des nuages.

SCÈNE PREMIÈRE.

Au lever du rideau, STELLA est assise sur de riches coussins. LO-MANGLI et PLUSIEURS FEMMES vêtues de robes de gaze l'entourent et la servent; d'autres jouent du théorbe, de la lyre, etc.

LE CHOEUR.
O séduisante ivresse !
O volupté des cieux !
Vous habitez sans cesse
En ce séjour heureux !

AIR.

STELLA.
En vain de mon jeune âge
Leurs soins charmaient le cours !
Hélas ! dans l'esclavage
Il n'est point de beaux jours !

De ces ruisseaux les ondes jaillissantes,
Tous ces trésors dont l'œil est ébloui,
Ces bois, ces prés, ces nymphes séduisantes,
Ne m'inspiraient qu'un triste et sombre ennui !

En vain de mon jeune âge, etc.

Mais soudain...

De ma délivrance
La douce espérance

Sourit à mon cœur !
Pour moi plus d'alarme,
Ici tout me charme
Et tout est bonheur !

Tout a changé dans la nature
L'air est plus doux, l'onde plus pure,
Des oiseaux les chants amoureux
Sont pour moi plus harmonieux !

De ma délivrance, etc.

(Sur un geste de la princesse, toutes les femmes sortent, excepté Lo-Mangli.)

LO-MANGLI.

Oui, quelques heures encore, et vous serez libre, et l'enchantement qui vous retient ici sera rompu, grâce à ce joli petit prince chinois qui nous est arrivé hier !

STELLA.

Aura-t-il assez de courage et de sagesse pour mettre à fin une telle entreprise ?

LO-MANGLI.

Je le crois bien, avec la précaution que vous avez prise de ne pas rester auprès de lui !

STELLA.

Il l'a bien fallu, il était si tendre, si empressé !

LO-MANGLI.

Et puis, si étourdi !

STELLA.

Conviens aussi que notre aventure est bien étonnante.

LO-MANGLI.

Pas pour nous, qui voyons les choses d'un peu haut ! mais sur terre, je suis persuadée qu'il y a des gens qui n'y croiraient pas, qui diraient : C'est invraisemblable !

STELLA.

Celle que toutes les nuits il voyait, c'était moi !

LO-MANGLI.

Et celui qui vous apparaissait dans tous vos songes...

STELLA.

C'était lui ! de sorte que quand nous nous sommes vus pour la première fois...

LO-MANGLI.

Vous vous êtes reconnus.

STELLA.

Qui donc pouvait de si loin nous réunir ainsi ?

LO-MANGLI.

Quelque enchanteur qui, dès longtemps sans doute, vous destinait l'un à l'autre ; celui-là même, peut-être, qui autrefois vous a enlevée de la cour du grand-mogol votre père, pour vous transporter dans cette planète, où il a mis à votre délivrance des conditions...

STELLA.

Si bizarres et si difficiles !

LO-MANGLI.

Vous trouvez... (On entend en dehors un appel de trompettes.) Encore un voyageur que nous amène le cheval de bronze.

STELLA.

Ah ! quel ennui !

LO-MANGLI.

Vous ne disiez pas cela autrefois ; cela vous amusait ! mais rassurez-vous, je me charge de le recevoir.

STELLA.

Et de le faire repartir sur-le-champ ?

LO-MANGLI.

Dame !... je tâcherai.

STELLA.

Adieu ! je vais voir pendant quelques minutes..

LO-MANGLI.

Ce pauvre prince qui vous aime tant !

STELLA.

Il le dit, du moins.

LO-MANGLI.

Comme tous les voyageurs qui viennent ici ! A beau mentir qui vient de...

STELLA, vivement.

Que dis-tu ?

LO-MANGLI, de même.

Non ! non ! je me trompe ; celui-là ne ment pas.
(Second appel de trompettes plus fort que le premier. — Stella sort par la gauche, et Peki entre par la droite.)

SCÈNE II.

LO-MANGLI, PEKI.

PEKI, se bouchant les oreilles.

C'est assez... c'est assez !... je l'ai bien entendu... des grandes statues de femmes avec des trompettes... qui me répètent l'une après l'autre : *Si tu racontes ce que tu auras vu ici... tu seras changé en magot...* Eh ! je le savais déjà... je le sais de reste !... ce n'est pas là ce qui m'effraie !

LO-MANGLI.

Je vois, beau voyageur, que vous êtes brave !

PEKI, timidement.

Pas beaucoup !... (S'enhardissant.) Mais enfin je suis venu sur le cheval de bronze pour tenter l'épreuve.

LO-MANGLI.

Et délivrer la princesse !

PEKI.

Oui ; en m'emparant de ce bracelet magique qui seul, dit-on, peut rompre tous les enchantements... (A part.) Ce qui sera bien utile pour ce pauvre Yanko, que j'ai laissé...

(Imitant la position d'un magot.)

LO-MANGLI.

Et vous êtes bien décidé ?...

PEKI.

Très-décidé. Mais pour devenir maître de ce bracelet, que faut-il faire ?... voilà ce que je ne sais pas encore...

LO-MANGLI.

Et ce que je dois vous apprendre !... Il faut dans cette planète...

PEKI.

C'est une planète ?...

LO-MANGLI.

Celle de Vénus, où il n'y a que des femmes !... Il faut pendant une journée entière rester au milieu de nous calme et insensible.

PEKI.

Si ce n'est que cela !...

LO-MANGLI.

Oui-da !... et, quelles que soient les épreuves auxquelles vous serez exposé, ne pas manquer un instant aux lois de la plus stricte sagesse.

PEKI.

J'entends !

LO-MANGLI.

Car, à la première faveur que vous demanderez...

PEKI.

Vous refuserez !...

LO-MANGLI, d'un air doucereux.

Mon Dieu non !... il ne tient qu'à vous... on ne vous empêche pas !... mais au plus petit baiser que vous aurez pris... crac !... vous redescendrez à l'instant sur la terre, sans pouvoir jamais remonter le cheval de bronze, ni revenir en ces lieux.

PEKI, étonnée.

Est-il possible!... (Vivement.) Ah! mon Dieu!... et j'y pense maintenant... (A Lo-Mangli.) Quels sont les derniers voyageurs qui sont venus?

LO-MANGLI.

D'abord le prince de la Chine, qui est encore dans ces jardins... un concurrent redoutable! car, encore une heure ou deux, et la journée sera écoulée... jamais aucun voyageur ne nous a fait une aussi longue visite!...

PEKI.

C'est très-bien à lui!... et puis?

LO-MANGLI.

Le grand mandarin Tsing-Sing... un vieux qui s'est arrêté ici assez longtemps... deux heures!

PEKI.

Voyez-vous cela! à son âge!... Mais avant eux?...

LO-MANGLI.

Ah! je me le rappelle... un jeune fermier nommé Yanko!

PEKI, vivement.

C'est lui!... eh bien?...

LO-MANGLI.

Il est à peine resté un instant!...

PEKI, avec colère.

Quelle indignité!

LO-MANGLI.

Il est reparti tout de suite, tout de suite!...

PEKI, à part.

C'est affreux!... moi qui l'aimais tant!... moi qui viens ici pour le retirer de la position où il est... exposez-vous donc pour de pareils magots! Je suis d'une colère!... et si dans ce moment je pouvais me venger... (S'arrêtant.) Mais il n'y a ici que des femmes!... (A Lo-Mangli.) Mademoiselle, dites-moi, je vous prie...

LO-MANGLI, s'approchant vivement.

Tout ce que vous voudrez...

PEKI.

Vous êtes certainement bien gentille, bien aimable...

LO-MANGLI, à part.

Pauvre jeune homme!... il va s'en aller!... (Haut et regardant du côté de la coulisse à gauche.) Tenez... tenez... voyez-vous de ce côté? c'est Stella et le prince!...

PEKI, à part.

Je ne veux pas qu'il m'aperçoive... (Entraînant Lo-Mangli par la main du côté à droite.) Venez... venez...

LO-MANGLI, en s'en allant.

En voilà un qui ne restera pas longtemps ici... et c'est dommage... car il est gentil!...

(Elle sort avec Peki par la droite.)

SCÈNE III.

LE PRINCE, STELLA, entrant par la gauche en se disputant.

DUO.

STELLA.

Eh quoi! monsieur, toujours vous plaindre?

LE PRINCE.

Et n'ai-je pas raison? hélas!

STELLA.

Lorsqu'au terme on est prêt d'atteindre...

LE PRINCE.

Mais ce jour ne finira pas!

STELLA.

C'est peu de patience, ou bien peu de tendresse.
Songez qu'une heure encore, une heure de sagesse...
Et je vous appartiens pour jamais!...

LE PRINCE.

J'entends bien !
Mais une heure est un siècle !... une heure de sagesse,
Quand le cœur bat d'amour, et d'espoir et d'ivresse,
Car vous ne savez pas quel amour est le mien !
(Se rapprochant très-près d'elle.)
Et si je vous disais depuis quand je soupire !...

STELLA.

Oui... oui... mais de plus loin tâchez de me le dire.

Ensemble.

STELLA.

Plus loin, plus loin !... encor plus loin !
Oui, j'en prends le ciel à témoin,
Votre amour lui-même
Me glace d'effroi !
Et si je vous aime,
Ah ! c'est loin de moi !

LE PRINCE, qui s'est placé à l'autre extrémité du théâtre.

Eh bien !... eh bien ! est-ce assez loin ?
Sagesse suprême,
J'admire ta loi !
Quoi ! son amour même
L'éloigne de moi ?

STELLA, regardant le prince qui lui tourne le dos.

Quoi ! vous êtes fâché ? vous boudez ?

LE PRINCE.

Oui, vraiment !

STELLA.

D'où vient cette colère extrême ?

LE PRINCE.

Me renvoyer !

STELLA.

Parce que je vous aime !
Songez qu'un désir imprudent,
Songez que la faveur même la plus légère...

LE PRINCE.

Quoi ! rien qu'un seul baiser ?...

STELLA.

Vous renverrait sur terre !

LE PRINCE.

O ciel !

STELLA, s'approchant plus près encore de lui.
Et qu'il faudrait renoncer à l'espoir
De s'aimer... et de se revoir !

LE PRINCE, sans la regarder et l'éloignant de la main.
Plus loin !... plus loin !... encor plus loin !

Ensemble.

LE PRINCE.

Oui, j'en prends le ciel à témoin !
Votre aspect lui-même
Me glace d'effroi,
Et si je vous aime,
Ah ! c'est loin de moi !

STELLA, à l'autre bout du théâtre, à gauche.
Eh bien !... eh bien ! suis-je assez loin ?
Sagesse suprême,
J'admire ta loi,
Son amour lui-même
L'éloigne de moi !

(Le prince s'assecit au bout du théâtre, à droite.)

LE PRINCE, assis.
Allons ! sur ce sopha, s'il le faut, je demeure !

STELLA.
C'est plus prudent !

LE PRINCE.
Mais c'est bien ennuyeux !
Nous n'avons plus, je crois, rien qu'une demi-heure !

STELLA.
A peu près !

LE PRINCE.
Et comment l'employer à nous deux ?

STELLA.
On peut causer !

LE PRINCE.
Sur quoi voulez-vous que l'on cause ?
STELLA.
Ou danser !
LE PRINCE.
Non vraiment !
STELLA.
Monsieur, je le suppose,
Préfère la musique, et cela vaut bien mieux !

Séduisante et folle,
Elle nous console ;
Son pouvoir divin
Calme le chagrin.
Le temps qui se traîne
S'écoule sans peine
Et s'enfuit soudain
Au son d'un refrain !
Et, je le vois, ce pouvoir-là,
Ah ! ah ! ah ! ah ! ah ! ah !
Sur votre cœur a réussi déjà.
Ah ! ah ! ah ! ah ! ah !

Ensemble.

LE PRINCE.
O toi, mon idole,
Mon cœur se console
Au pouvoir divin
De ce gai refrain !
Ta voix qui m'entraîne,
Dissipant ma peine,
Loin de moi soudain,
Bannit le chagrin !

STELLA.
Séduisante et folle,
Elle nous console ;
Son pouvoir divin
Calme le chagrin.
Le temps qui se train

S'écoule sans peine
Et s'enfuit soudain
Au son d'un refrain !

LE PRINCE, courant brusquement à Stella.

Stella ! Stella !

STELLA.

Qu'avez-vous donc ?

LE PRINCE.

L'heure a sonné !

STELLA.

Vraiment non !

LE PRINCE.

J'en suis sûr et je crois entendre...

STELLA.

Et moi, j'en suis certaine, il faut encore attendre !

LE PRINCE, avec dépit.

Attendre est bien facile alors qu'on n'aime rien !

STELLA, avec douceur.

Mais je vous aime, et vous le savez bien !

LE PRINCE, avec chaleur.

Ah ! si vous m'aimiez, inhumaine,
Vous seriez sensible à ma peine !

(Lui prenant la main.)

Si vous m'aimiez !

STELLA, retirant sa main avec effroi.

Laissez-moi, je le veux !

LE PRINCE, avec dépit.

C'en est trop ! je rougis de l'amour qui m'enchaîne,
Oui, je sais le moyen de fuir loin de ces lieux !
Et j'y cours !...

(Il fait quelques pas pour sortir.)

STELLA.

Partez donc ! partez !

LE PRINCE, revenant.

Oui, je le veux !

Ensemble.

LE PRINCE.

Cédons au dépit qui m'entraîne,
Oui, fuyons loin d'une inhumaine
Dont les regards indifférents
Portent le trouble dans mes sens !

STELLA.

Qu'il cède au dépit qui l'entraîne,
Que rien ici ne le retienne !
Cachons à ses yeux les tourments
Et le trouble que je ressens !

(Stella va s'asseoir sur le banc à gauche.)

STELLA, assise et regardant le prince qui ne s'en va pas.

Eh bien ?...

LE PRINCE, revenant près d'elle.

Oui, vers toi me ramène
Un feu que rien ne peut calmer !

(Il se met à genoux près de Stella toujours assise.)

STELLA.

Laissez-moi, je respire à peine !

LE PRINCE.

Ah ! si ton cœur savait aimer,
Si le mien pouvait l'animer !...

Ensemble.

LE PRINCE.

Sa main a frémi dans la mienne,
L'amour et m'enivre et m'entraîne,
Je cède aux transports délirants
Qui s'emparent de tous mes sens !

STELLA, cherchant à se défendre.

Laissez-moi, je respire à peine...
Sa voix et me trouble et m'entraîne.
Ayez pitié de mes tourments
Et du trouble que je ressens !

(Stella éperdue, hors d'elle-même, laisse tomber sa tête sur l'épaule de

Yang qui l'embrasse. — Le tonnerre gronde, et Yang, qui était un genou en terre près de la princesse, est soudain englouti et disparaît. Stella pousse un cri d'effroi, et tombe à moitié évanouie dans les bras de Lo-Mangli, qui entre en ce moment.)

SCÈNE IV.

STELLA, LO-MANGLI.

LO-MANGLI.

Et lui aussi!... lorsqu'il ne s'en fallait plus que d'un petit quart d'heure... c'est avoir bien peu de patience!...

STELLA.

Ah! rien n'égale mon désespoir... car je l'aimais, vois-tu bien! j'en étais aimée... et, séparé de moi, que va-t-il devenir?... que fera-t-il sur la terre?...

LO-MANGLI.

Ce n'est pas difficile à deviner!... impétueux comme il l'est, il ne pourra jamais se modérer... ni se taire... il parlera de vous à tout le monde.., et, à l'heure qu'il est, peut-être déjà est-il changé en magot!

STELLA.

O ciel!

LO-MANGLI.

Ce qui est bien désagréable pour un aussi joli garçon!... lui surtout qui n'aimait pas à rester en place!

STELLA.

Ah! je n'y survivrai pas... j'en mourrai!...

LO-MANGLI.

Mourir!... vous savez bien qu'ici on est immortelle... et qu'on ne peut pas mourir d'amour... sur terre je ne dis pas...

STELLA.

Eh bien! alors je garderai éternellement son souvenir... je lui serai fidèle... je n'appartiendrai à personne...

LO-MANGLI.

Si vous pouvez... car il y a ici quelqu'un qui m'inquiète pour vous...

STELLA.

Que veux-tu dire ?...

LO-MANGLI.

Ce petit voyageur, que vous m'aviez chargé de renvoyer...

STELLA.

Eh bien ?...

LO-MANGLI.

J'ai cru d'abord qu'il ne demandait pas mieux que de s'en aller...

STELLA.

Et il est encore ici !

LO-MANGLI.

Écoutez donc, madame... ce n'est pas ma faute... Dans ces cas-là... il faut qu'on s'y prête un peu.

COUPLETS.

Premier couplet.

Tranquillement il se promène
Sans songer à nous admirer,
Et passant près de la fontaine
Il s'occupait à se mirer !
Pour obéir à vous, ma souveraine,
J'espérais bien le séduire sans peine,
  Mais... mais j'ai beau faire, hélas !...
  J'ai beau faire... il ne veut pas !
  Il ne veut pas !

Deuxième couplet.

Et quel dommage quand j'y pense !
Il est si jeune et si gentil !
Jusqu'à son air d'indifférence
Tout me plaît et me charme en lui !
Pour obéir à votre ordre suprême
Combien j'aurais voulu qu'il dît : Je t'aime !...

11.

Mais... mais j'ai beau faire, hélas !
J'ai beau faire... il ne veut pas !
Il ve veut pas !
Non, non, non, il ne veut pas !

STELLA.

C'est bien singulier...

LO-MANGLI.

Certainement, ce n'est pas naturel... et si vous n'y prenez garde... il est capable de rester comme cela jusqu'à ce soir...

STELLA.

Tu crois...

LO-MANGLI.

Alors il deviendrait maître de ce talisman... et de votre personne... il n'y aurait pas à dire... vous seriez obligée de le suivre...

STELLA.

Ah ! voilà qui serait le pire de tout.

LO-MANGLI.

Pas tant !... car il est très-agréable... et certainement... si j'avais un mari à choisir... mais ici on ne peut pas...

STELLA.

Y pensez-vous ?...

LO-MANGLI.

Tenez... tenez... madame... voyez plutôt... voilà qu'il vient de ce côté... il n'est pas mal, n'est-ce pas ?...

STELLA.

Cela m'est bien égal... qu'il vienne !... je m'en vais le traiter avec tout le dédain, tout le mépris...

LO-MANGLI.

Mais au contraire !... ce n'est pas le moyen de vous en défaire...

STELLA.

Tu as raison... il faut être aimable, gracieuse... oh! que je le hais... Laisse-moi!...

LO-MANGLI.

Oui, madame!...

(Elle sort en faisant à Peki une révérence dont celle-ci ne s'aperçoit seulement pas; et Lo-Mangli s'éloigne avec dépit.)

SCÈNE V.

STELLA, PEKI.

DUO.

STELLA.

Quel désir vous conduit vers nous, bel étranger?

PEKI, froidement.

Le seul désir de voyager!

STELLA.

Pas autre chose?

PEKI.

Eh! mais... peut-être aussi, madame
Le désir de vous voir!

STELLA, avec coquetterie et baissant les yeux.

Comment!... vous m'aimeriez?

PEKI.

Non, vraiment!

STELLA, étonnée.

Que dit-il?

PEKI.

Jamais aucune femme
Ne m'a vu tomber à ses pieds.

STELLA, à part.

Dieu! quel air suffisant! déjà je le déteste!

(Haut.)
Eh quoi! nulle beauté dans ce séjour céleste
De vous charmer n'a le pouvoir?

PEKI, froidement.

Aucune!

STELLA.

Aucune!

(A part.)
Ah! c'est ce qu'on va voir...

Ensemble.

STELLA.

De cette âme si fière
Ah! je triompherai,
Car je prétends lui plaire,
Et j'y réussirai!
Oui... oui... je l'ai juré!

PEKI.

Oui... oui... beauté si fière,
Je vous résisterai!
Je ris de sa colère
Et je réussirai!
Oui... oui... je l'ai juré!

STELLA, s'approchant de Peki d'un air caressant.
On m'avait dit pourtant que j'avais quelques charmes!

PEKI, d'un air indifférent et sans la regarder.
Oui! vous n'êtes pas mal!

STELLA, avec coquetterie.
Qu'en savez-vous?

PEKI.
Pourquoi?

STELLA.
Vous n'avez pas encor jeté les yeux sur moi!
Craignez-vous de me voir?

PEKI.
Je le puis sans alarmes!

(La regardant et n'examinant que sa parure.)
J'aime de ces habits l'élégance et le goût!
Ce riche bracelet...
(A part.)
Qui bientôt, je le pense,
Va tomber en ma puissance!
(Haut.)
Qu'il est beau!... qu'il me plaît!

STELLA, avec dépit.

Voilà tout!
Et moi?

PEKI, la regardant.

Vous!... ah! je dois le dire,
Voilà des traits charmants et faits pour tout séduire,
Et ces beaux yeux...

STELLA, le regardant avec tendresse.

Ces yeux!... eh bien?

PEKI.

Eh bien!...
Sur mon cœur ne font rien!

STELLA, avec dépit.

Rien!!

PEKI, tranquillement.

Rien!

Ensemble.

STELLA.

Je suis d'une colère!
Eh quoi! je ne pourrai
Le séduire et lui plaire?
Oh! j'y réussirai!
Oui... oui... je l'ai juré!

PEKI.

Oui, oui, beauté si fière,
Je vous résisterai.
Je ris de sa colère,
Et je réussirai!
Oui... oui... je l'ai juré!

Grâce au ciel! la journée avance dans son cours!

STELLA, à part.

C'est fait de moi! mon Dieu, venez à mon secours!

(S'approchant de Peki.)

Eh bien! puisqu'il faut tout vous dire,
Pour un autre que vous, mon cœur, hélas! soupire!

PEKI, gaîment.

Vous ne m'aimez donc pas?

STELLA.

Non vraiment!

PEKI, froidement.

C'est très-bien.

STELLA, timidement.

Et voilà pourquoi je désire
Que vous partiez!

PEKI.

Partir d'ici!... par quel moyen?

STELLA, avec embarras.

Oh! le moyen est terrible à vous dire,
Et de moi qu'allez-vous penser?
Il faudrait pour cela... sur-le-champ... m'embrasser!

PEKI.

Qui? moi!... cela m'est impossible!

STELLA.

Quoi! vous me refusez... vous êtes insensible!
D'autres pourtant à mes genoux
M'ont demandé ce que j'attends de vous!

Ensemble.

STELLA.

O mortelle souffrance!
Je suis en sa puissance,
Me voilà sous sa loi!
Pour moi plus d'espérance,
Déjà l'heure s'avance,
Tout est fini pour moi!

PEKI.

Ah! mon bonheur commence!
Elle est en ma puissance,
Je la tiens sous ma loi!
Oui, courage!... espérance!
Bientôt, l'heure s'avance,
La victoire est à moi!

STELLA, à Peki d'un air suppliant.

Ainsi donc l'espoir m'abandonne!
Et sur votre rigueur je ne puis l'emporter!

PEKI, à part et la regardant avec malice.

Si j'étais homme!!!

(Avec sentiment.)

Yanko, je te pardonne :
Comment lui résister?

STELLA.

Ce qu'ici je demande
Est-il faveur si grande
Et si cruel pour vous?
Je suis femme!... et j'implore!
Et s'il faut plus encore,
Je suis à vos genoux!

(Elle se met à genoux. Peki fait un pas vers elle pour la relever et puis s'arrête.)

Ensemble.

STELLA.

O mortelle souffrance!
Déjà l'heure s'avance,
Et je tremble d'effroi!
Pour moi plus d'espérance,
Je suis en sa puissance,
Tout est fini pour moi!

PEKI.

Ah! mon bonheur commence!
Elle est en ma puissance,
Je la tiens sous ma loi!
Oui, courage!... espérance!...

Bientôt, l'heure s'avance,
La victoire est à moi !

(La nuit obscurcit le théâtre et des nuages commencent à les environner.)

STELLA.

Le jour s'enfuit,
Voici la nuit.
Adieu, toi qui reçus ma foi !
Ce talisman me soumet à sa loi !
Je me meurs ! c'est fait de moi !

PEKI.

Le jour s'enfuit !
Voici la nuit.
Il m'appartient, il est à moi,
Le talisman qui la met sous ma loi !...

(Elle arrache le bracelet que porte Stella.)

La victoire est à moi !

(Stella tombe évanouie. — Un coup de tam-tam se fait entendre. — Peki et Stella disparaissent et descendent sur terre. — Les nuages qui couvraient le théâtre se lèvent peu à peu et l'on aperçoit la grande pagode richement éclairée. — Tsing-Sing, toujours en magot, est placé au milieu du théâtre sur un grand piédestal. — A sa droite Yang et à sa gauche Yanko aussi en magots, sur des piédestaux moins élevés.)

SCÈNE VI.

LE PRINCE, TSING-SING, YANKO, sur leurs piédestaux, TAO-JIN, TCHIN-KAO et LE PEUPLE prosternés, pendant que DES JEUNES FILLES jettent des fleurs et que des BONZES ou PRÊTRES chinois font brûler de l'encens.

FINALE.

LE CHŒUR.

Que l'encens et la prière
Vers eux s'élèvent de la terre !
Et révérons ces nouveaux dieux
Qui pour nous descendent des cieux !

TCHIN-KAO, montrant le prince.

Encore un dieu dont la puissance brille!
Être dieu devient bien commun!
(Montrant Tsing-Sing et Yanko.)
En voilà deux déjà dans ma famille,
A chaque instant je tremble d'en faire un!

LE CHŒUR.

Que l'encens et la prière, etc.
(A la fin de ce chœur on entend une musique céleste.)
Mais quels accords harmonieux!
(On voit descendre, de la voûte de la pagode, au milieu d'un nuage, Peki, tenant à la main le bracelet magique, debout, près de Stella qui est toujours évanouie.)

SCÈNE VII.

Les mêmes; PEKI et STELLA.

TOUS.

Quel prodige nouveau vient éblouir nos yeux!

TCHIN-KAO.

C'est ma fille!... c'est elle-même
Qu'enfin le ciel rend à mes vœux!

PEKI.

Oui, je reviens délivrer ce que j'aime!
(Étendant le bracelet du côté de Yanko et de Yang, puis de Stella.)
Yanko, mon bien-aimé!... vous, prince généreux!...
Et toi sa maîtresse chérie!...
Mon pouvoir vous rend à la vie!
Renaissez tous pour être heureux!

YANG, STELLA et YANKO, revenant à eux par degrés.

Quel jour radieux m'environne!
Et que vois-je?...

STELLA, s'élançant vers le prince.

C'est lui!

LE PRINCE, courant à elle.

Stella!

PEKI.

Que j'ai conquise et qu'ici je vous donne!

TCHIN-KAO, bas à Peki.

Et le seigneur Tsing-Sing qui reste là!

TAO-JIN, à part.

De quoi se mêle celui-là?

PEKI, étendant vers lui le bracelet.

Qu'il reste encor statue ainsi que le voilà,
Mais que sa tête seule et s'anime et réponde!
(S'adressant à Tsing-Sing.)
A me répudier veux-tu bien consentir?
(Tsing-Sing, remuant sa tête à la façon des magots de la Chine, fait signe que *Non*.)
Avec Yanko, tu ne veux pas m'unir?
(Tsing-Sing fait encore signe que *Non*.)
Eh bien! demeure ainsi jusqu'à la fin du monde!
Sois l'idole qui dans ces lieux
Des époux bénira les nœuds!
(Tsing-Sing fait en tournant la tête un geste de colère.)
Quoi! cette seule idée excite ta colère?
(Prenant Yanko par la main et s'approchant du piédestal de la statue.)
Vois alors si ton cœur préfère
Nous unir!...

(Tsing-Sing fait signe que *Oui*.)

PEKI.

Il a dit *oui!*
Vous l'entendez!... il n'est plus mon mari!
(Étendant son bracelet vers Tsing-Sing.)
Qu'il revienne à la vie!

TSING-SING, *se levant debout sur le piédestal et étendant ses mains pour bénir Yanko et Peki.*
Et vous tous au bonheur!

LE CHOEUR.

Clochettes de la pagode,
Retentissez dans les airs, etc.

LE PORTEFAIX

OPÉRA-COMIQUE EN TROIS ACTES

MUSIQUE DE GOMIS.

Théatre de l'Opéra-Comique. — 16 Juin 1835

PERSONNAGES.	ACTEURS.
DON RAPHAEL............................	MM. Thénard.
DON RAMIRO.............................	Henri.
GASPARILLO.............................	Chollet.
LE CORRÉGIDOR........................	Victor.
MELLO......................................	—
HELENA....................................	Mmes Prévost.
CHRISTINA................................	Camoin.
TERESITA..................................	Riffaut.
INÈS...	—

Soldats. — Alguazils. — Valets en livrée. — Dames et Demoiselles espagnoles. — Portefaix.

A Grenade.

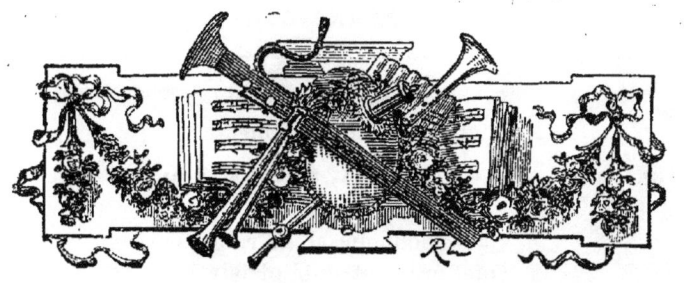

LE PORTEFAIX

ACTE PREMIER

Une maison de la ville de Grenade. — Une chambre très-simple, au rez-de-chaussée. Porte au fond donnant sur la rue ; deux portes latérales.

SCÈNE PREMIÈRE.

GASPARILLO, TERESITA, Hommes et Femmes du peuple.

Au lever du rideau, Gasparillo est assis près d'un buffet à droite, et boit ; Teresita est debout à gauche, près d'une table, sur laquelle elle arrange plusieurs paquets de cartes. Les hommes et les femmes du peuple l'entourent.

INTRODUCTION.

LE CHŒUR.

Savante devineresse,
Que mon sort vous intéresse !
Quel bonheur et quel plaisir
De connaître l'avenir !

GASPARILLO, à droite.

Pour dissiper ma tristesse,
A longs traits buvons sans cesse ;

Sur les maux de l'avenir
Tâchons de nous étourdir.

TERESITA, à gauche, à part.

Pour une devineresse
Que d'honneur et de richesse !
Quel profit et quel plaisir
De lire dans l'avenir !

GASPARILLO, à Teresita.

Toi, ma femme, toi qui sais lire
Dans les cartes et dans les cieux,
Pour leur argent, daigne leur dire
Leur sort heureux ou malheureux.

LE CHOEUR.

Oui, daignez nous entendre ;
Mon argent, le voilà,
Le voilà, le voilà.

TERESITA.

C'est bien ! c'est bien...

LES JEUNES FILLES.

Tout mon argent, le voilà ;
Je donnerais ce que j'ai pour apprendre
Ce qui m'arrivera.

TERESITA, à Gasparillo.

Le bon état que celui-là !

LE CHOEUR.

Savante devineresse, etc.

TERESITA.

Pour une devineresse, etc.

GASPARILLO.

Pour dissiper ma tristesse, etc.

(Entrent plusieurs valets, en riches livrées, qui apportent des lettres que Gasparillo met sur la table.)

PREMIER VALET, à Teresita.

C'est de la part de ma maîtresse.

TERESITA, embarrassée.
Je suis à vous dans un instant.
DEUXIÈME VALET.
C'est de la part de la duchesse.
GASPARILLO.
Il faut répondre sur-le-champ.
TERESITA, à part.
Mais comment faire? quel tourment!
(Regardant autour d'elle avec inquiétude.)
Que dire? hélas!
Il ne vient pas.
(Dans ce moment entre un homme en noir.)
TERESITA, avec joie.
Ah! c'est lui,
Le voici!
(L'homme en noir lui remet mystérieusement un papier, et sort sans lui rien dire.)

GASPARILLO, le regardant sortir, bas à Teresita.
N'est-ce pas là cet alguazil,
Si doucereux et si subtil...
Qui, par état...

TERESITA, de même.
Tais-toi, de grâce.
GASPARILLO, de même.
Sait toujours ce qui se passe.
TERESITA, à Gasparillo.
Silence...
(Aux valets et aux gens du peuple.)
Laissez-moi méditer un instant.
(Ils se retirent tous au fond du théâtre, elle reste seule sur le devant avec Gasparillo, à qui elle dit :)
Voyons, voyons ce qu'il m'apprend.

(Après avoir lu, à part.)
Très-bien... m'y voilà... m'y voilà.

Je puis parler d'après cela.
(A un des gens du peuple, lui faisant signe d'approcher.)
C'est Mello, près d'Inès, jeune et gentille brune,
Couple amoureux.

MELLO et INÈS.

Quel sera notre sort ?

TERESITA.

Dès ce soir vous aurez une immense fortune.

TOUS.

Une immense fortune !

TERESITA.

Et vous vous marierez...
(A part.)
D'hier son oncle est mort,
Et nul, excepté moi, n'a pu l'apprendre encor.

MELLO.

Et ma fortune et ma maîtresse !
Quelle grande devineresse !

TOUS, l'entourant.

Qu'ils sont heureux ! et nous, et nous ?...
(Dans ce moment on frappe à la porte en dehors.)

TERESITA.

Silence !

GASPARILLO.

On frappe plus fort.

UNE VOIX, en dehors.

Ouvrez ! c'est le corrégidor.

TOUS.

Le corrégidor !

LE CHOEUR, à demi-voix.

Ce magistrat sévère,
Ici que vient-il faire ?
Et de trouble et d'effroi
Je tremble malgré moi.

(Gasparillo va ouvrir.)

SCÈNE II.

Les mêmes; LE CORRÉGIDOR, DON RAMIRO, plusieurs Soldats.

LE CORRÉGIDOR.
On ouvre enfin.

GASPARILLO, à part.
C'est le corrégidor.

LE CORRÉGIDOR, à don Ramiro.
Daignez entrer, seigneur.

GASPARILLO, à Teresita.
Vois, comme il le respecte!

TERESITA.
C'est quelque grand seigneur bien plus puissant encor.

GASPARILLO.
Plus puissant qu'un corrégidor!

LE CORRÉGIDOR, à don Ramiro.
Voici cette maison qu'on nous a dit suspecte.

TERESITA et GASPARILLO.
Ah! monseigneur!

DON RAMIRO.
Calmez-vous! nous verrons.

LE CORRÉGIDOR.
On prétend qu'il y vient, dans un but qu'on ignore,
Et des conspirateurs, et même plus encore,
Des Français et des francs-maçons.

TERESITA et GASPARILLO.
A tort on nous accuse, hélas!
Visitez tout du haut en bas.

DON RAMIRO.
C'est ce que je veux faire. Allons, conduisez-nous!

TERESITA, aux gens du peuple.
Et vous, sans bruit retirez-vous.

LE CHŒUR.

Pendant la sieste, et vers la deuxième heure,
Nous reviendrons dans sa demeure.
Elle a raison... sans bruit retirons-nous.

Ensemble.

TERESITA et GASPARILLO.

D'un magistrat sévère
Redoutons la colère;
Et sans savoir pourquoi
Je tremble malgré moi.

LE CORRÉGIDOR.

D'un magistrat sévère
Ne crains pas la colère,
Aux seuls méchants je doi
Inspirer de l'effroi.

DON RAMIRO.

D'un magistrat sévère
Ne crains pas la colère,
Aux seuls méchants je doi
Inspirer de l'effroi.

(Tous les gens du peuple sortent par le fond; don Ramiro, le corrégidor et les soldats conduits par un domestique de Teresita entrent dans l'intérieur des appartements par la porte à gauche.)

SCÈNE III.

TERESITA, GASPARILLO.

TERESITA.

S'ils examinent tout, là-haut, ils en ont pour longtemps... et que veut dire une pareille visite?

GASPARILLO.

Est-ce que je sais?... je te le demande, à toi qui es devineresse... ça te regarde... moi je suis tranquille.

TERESITA.

Que trop, à ce que je vois... est-ce que tu vas rester là, les bras croisés, à ne rien faire ?

GASPARILLO, se rapprochant de la table et se versant à boire.

Ne te fâche pas, ma femme, ne te fâche pas.

TERESITA.

Eh bien... qu'est-ce que tu fais là ?

GASPARILLO, buvant.

Je m'occupe.

TERESITA.

N'as-tu pas de honte de boire ainsi toute la journée, au lieu de régler nos comptes, d'écrire la recette du jour, au lieu de travailler, toi qui es fort et vigoureux... toi qui gagnais à toi seul autant que tous les portefaix du quartier ?

GASPARILLO, soupirant.

Oui, autrefois... mais depuis huit jours... je n'ai de cœur à rien.

TERESITA.

Je m'en aperçois bien... l'autre semaine encore, vous étiez toujours content... toujours de bonne humeur... vous rentriez de l'ouvrage en chantant... et, quoique marié depuis un an, vous étiez toujours aussi aimable que le premier jour... « Bonjour, ma petite femme... comme tu me sembles jolie aujourd'hui... »

GASPARILLO.

Qu'est-ce que cela prouvait ?

TERESITA.

Ça prouvait que vous me regardiez... et ça me faisait plaisir.

GASPARILLO.

Ma chère femme...

TERESITA.

Oui, monsieur... tout cela ne paraît rien... mais c'est

12.

cause que l'on fait bon ménage, que l'on prend de bonnes habitudes... Vous aviez celle de m'aimer... c'était bien... il fallait continuer... cela valait mieux que de ne rien faire... ou de boire ainsi... et vous surtout qui n'avez pas la tête forte... et qui, au premier verre de vin... fi! c'est affreux... je déteste les ivrognes.

GASPARILLO.

Et moi aussi... ceux surtout qui boivent pour leur plaisir... c'est mal... c'est très-mal... mais ceux qui boivent par raison... il faut les encourager.

TERESITA.

Qu'est-ce que ça veut dire?

GASPARILLO.

Que je bois... tu le vois bien... pour me consoler, pour m'étourdir... pour noyer mon chagrin.

TERESITA.

Toi! des chagrins... quels sont-ils? dis-les-moi, de grâce.

GASPARILLO.

Te les dire!... c'est là le difficile... j'ai une jolie femme qui a un bon état... qui gagne de l'argent... et qui m'aime bien... qui me mène comme elle veut.

TERESITA.

Est-ce que cela te fâche?

GASPARILLO.

Au contraire... tu as plus de tête que moi... c'est à toi de commander... et tu commandes... et j'obéis... et dans mon ménage, je suis heureux comme un roi... mais je suis amoureux comme un enragé... et c'est là ce qui me rend malheureux comme un diable.

TERESITA.

Vraiment... amoureux... Pauvre garçon!... eh bien! il n'y a pas de mal... et je ne vois pas d'où vient ton chagrin, (Baissant les yeux.) car il ne me semble pas que je te désespère...

GASPARILLO, s'attendrissant.

Toi ! au contraire... tu es une bonne femme... une excellente femme, le modèle des épouses... ce n'est pas toi qui m'as jamais fait du chagrin... c'est une autre.

TERESITA.

Qu'est-ce que cela veut dire ? tu en aimerais une autre ?

GASPARILLO.

C'est ce qui me désespère... je m'en veux... je me battrais.

TERESITA.

Et quelle est-elle ?

GASPARILLO.

Je n'en sais rien.

TERESITA.

Où est-elle ?

GASPARILLO.

Je te le demande; c'est l'autre jour, sous le péristyle de la cathédrale... c'est une marquise, une duchesse ; elle avait de l'or, des diamants... deux pages qui la suivaient... et moi, j'étais là, à la porte de l'église, mon cabas sur le dos... son pied a glissé ; je l'ai soutenue... moi, Gasparillo, le portefaix... j'ai senti ma main pressée par une noble dame... et depuis ce moment, je ne puis pas te dire ce que j'éprouve...

TERESITA, pleurant.

Est-il possible !

GASPARILLO.

Je t'aime tout de même... ça ne m'empêche pas de t'aimer... mais je ne pense qu'à elle... je la cherche partout... Avant-hier, au combat du cirque, auprès de l'estrade du vice-roi, oh ! oui, c'était bien elle... j'en suis sûr... je me suis élancé dans l'arène... j'ai voulu m'approcher d'elle...

TERESITA, effrayée.

O ciel ! et le taureau !

GASPARILLO.

Il venait sur moi... et les toréadors m'entouraient, ils me repoussaient, ils me frappaient tous, du bois de leur lance... j'étais moulu, abîmé... tu le sais... j'en ai les marques... mais je ne sentais rien... je la regardais...

TERESITA, pleurant.

Ah ! que je suis malheureuse !

GASPARILLO.

Pas tant que moi.

TERESITA.

Et tu oses me l'avouer !

GASPARILLO.

A qui veux-tu que je le dise?... tu es, après moi, la personne que cela intéresse le plus... Et puis, je te le demande... est-ce de ma faute ? est-ce qu'on est maître de ça ? tout ce que je peux faire, c'est de l'oublier... c'est de me guérir... et tu vois que j'y tâche...

TERESITA.

Et si je faisais comme vous ? si en attendant, j'en aimais un autre ?

GASPARILLO.

Un autre... toi, en aimer un autre ! je te tuerais.

TERESITA.

Bien vrai ?

GASPARILLO.

A l'instant.

TERESITA, à part.

A la bonne heure, au moins, il m'aime encore un peu... (Haut.) Eh bien! prends garde à toi ! il y a ici, dans notre quartier, un jeune hidalgo qui, si je ne me trompe, est amoureux de moi.

GASPARILLO, avec colère.

S'il osait te le dire !...

TERESITA, froidement.

Il me l'a dit; et si jamais j'ai une preuve de ton infidélité, je prendrai ma revanche.

GASPARILLO.

Ma femme !

TERESITA.

Ou plutôt je ne t'en préviendrai pas... tiens-toi pour averti... Silence ! voici le corrégidor qui revient.

SCÈNE IV.

TERESITA, GASPARILLO, DON RAMIRO et LE CORRÉGIDOR, sortant de la chambre à gauche.

DON RAMIRO, au corrégidor et à Teresita.
C'est bien, c'est bien, je suis tranquille,
Je n'ai rien vu dans cet asile
(Au corrégidor.)
Qui confirme votre soupçon.

TERESITA et GASPARILLO.
Je vous l'avais bien dit.

LE CORRÉGIDOR, avec humeur.
C'est bon.
Pourquoi donc, il faut qu'on réponde,
En ces lieux vient-il tant de monde?

TERESITA, passant près de don Ramiro.
Fort aisément je puis, je crois,
Vous expliquer ici pourquoi.

COUPLETS.

Premier couplet.

Je promets sans cesse,
A qui les voudra,
Bonheur et richesse :
Tiendra qui pourra.
J'annonce aux fillettes

D'éternels amours,
Et j'ai des recettes
Pour plaire toujours.

Voilà pourquoi
Tant de monde
A la ronde
Se rend chez moi.

Deuxième couplet.

Sans nuire à personne,
Hormis aux jaloux,
Je reçois et donne
Plus d'un billet doux !
Protégeant les dames,
En tous temps, je suis
Du parti des femmes
Contre les maris ;

Voilà pourquoi
Tant de monde
A la ronde
Se rend chez moi.

DON RAMIRO, souriant.

Vraiment !

GASPARILLO.

Et pour prouver ici notre innocence,
(Prenant sur la table les lettres qu'on a apportées à la première scène.)
De ce matin, seigneur corrégidor,
Voici notre correspondance,
Que nous n'avons pas lue encor.

LE CORRÉGIDOR, prenant les lettres.

Voyons.

TERESITA.

Que faites-vous ?

LE CORRÉGIDOR.

Mon devoir ; du silence.

DON RAMIRO et LE CORRÉGIDOR.

Tout observer avec prudence

Est le devoir d'un magistrat,
Et ces lettres peuvent, je pense,
Renfermer des secrets d'État.

GASPARILLO et TERESITA.

Il faut se soumettre en silence :
Point de murmures, point d'éclat.
Des lettres d'amour, je le pense,
Ne sont point des secrets d'État.

(Le corrégidor décachette les lettres et les remet à mesure à don Ramiro, qui les parcourt en riant.)

DON RAMIRO, jetant les yeux sur une lettre.

La marquise de Villaflore,
Qui le croirait ? ah ! c'est charmant !
(Prenant une autre lettre.)
C'est de don Félix qui l'adore !
Ah ! c'est vraiment très-amusant.

LE CORRÉGIDOR, riant.

N'est-il pas vrai ? c'est amusant !

DON RAMIRO, lisant une troisième lettre.

L'épouse de l'alcade !

LE CORRÉGIDOR, riant.

Est-il vrai ?

(La reprenant et d'un air grave.)
C'est infâme !
La femme d'un magistrat...

DON RAMIRO, en regardant une quatrième, à part.

Qu'ai-je vu ? quel soupçon s'élève dans mon âme ?
C'est l'écriture de ma femme !

TERESITA.

Est-ce quelque secret d'État ?

DON RAMIRO, sans lui répondre, s'avance au bord du théâtre et lit la lettre à voix basse.

« A deux heures, tantôt, soyez seule chez vous,
« On veut vous confier une importante affaire. »

(A part, en froissant le papier dans sa main.)
Quelle est-elle ? et pourquoi m'en avoir fait mystère ?
Deux heures, il suffit... allons, modérons-nous.

Ensemble.

DON RAMIRO.

Et la fureur et la prudence
En mon cœur se livrent combat ;
Je saurai punir cette offense :
Mais pour moi-même point d'éclat.

TERESITA et **GASPARILLO**, entre eux, et l'observant.

Il tremble, il garde le silence,
Soyons discrets, et point d'éclat ;
C'est quelque affaire d'importance,
Oui, c'est quelque secret d'État.

LE CORRÉGIDOR.

Tout observer avec prudence
Est le devoir d'un magistrat ;
Ce billet, j'en suis sûr d'avance
Contient quelque secret d'État.

(Don Ramiro fait signe au corrégidor de le suivre, salue de la main Teresita et Gasparillo, et sort d'un air sombre et rêveur. — Teresita montre à son mari son cabas, qui est sur une chaise, lui fait signe de sortir, d'aller à son ouvrage, et elle entre dans la chambre à droite.)

SCÈNE V.

GASPARILLO, seul.

Quelle bonne petite femme !... un talent, un esprit... elle en a plus que moi... il est vrai que je l'ai perdu... et dès que je suis seul, toutes mes idées, tous mes rêves me reviennent... Ah ! si j'étais riche... si j'étais un seigneur en habit doré, j'aurais, comme tant d'autres, le droit de l'aimer... mais moi, un portefaix... que lui offrir ?... ma misère... (Regardant son sac.) Et avec mon cabas... (Le prenant et le jetant sur son dos.) Allons donc... retournons à l'ouvrage et à la peine, puisque je ne suis bon qu'à cela.

AIR.

(Chantant comme s'il appelait les pratiques.)
Oh! oh! oh! oh!
Des fardeaux, des ballots,
V'là mes bras et mon dos.
D'un messager fidèle
Vous connaissez le zèle ;
Où faut-il que je porte
La charge la plus forte ?
Cavalier, senorita,
Le portefaix, le voilà,
Voilà, voilà!
Ah!
(Il va pour sortir et s'arrête.)
Mais, dans l'ardeur qui me dévore,
De quel côté porter mes pas ?
Où trouver celle que j'adore...
Où rencontrer tant d'appas ?
A travers un voile infidèle,
Dès que j'aperçois une belle,
Aussitôt je me dis : C'est elle,
Et soudain mon cœur bat... et bat.
(Rejetant son cabas sur son dos.)
Insensé! ne rêvons plus d'elle,
Et ne songeons qu'à mon état.

Oh! oh! oh! oh!
Des fardeaux, des ballots, etc.

J'aperçois une fillette :
Ma belle, que voulez-vous ?
— Il me faudrait, en cachette,
Remettre ce billet doux.
Donnez!...
Des pauvres c'est l'économe
Qui vient de régler son mois.
Que d'écus ! ah ! le pauvre homme

Va succomber sous le poids.
Donnez!...
Là, pour un couvent de moines,
Les provisions du jour,
Et le dîner des chanoines;
Moi, je le sais, c'est bien lourd.

Donnez!...
Et billet doux, et dîner et trésor,
Donnez, donnez; et s'il faut, plus encor.

Oh! oh! oh! oh!
Des fardeaux, des ballots, etc.

SCÈNE VI.

GASPARILLO, HELENA, couverte d'un long voile.

GASPARILLO.

Ah! qui vient là, chez nous?

HELENA.

N'est-ce pas ici la demeure de Teresita, la devineresse?

GASPARILLO.

Oui, signora... (A part.) C'est une pratique pour ma femme... (Regardant Helena.) C'est étonnant!... cette taille, cette tournure... Il est vrai que je la vois partout... et puis, sans l'avoir entendue parler, il me semble que cette voix si douce doit être la sienne... (Haut.) Je vais avertir ma femme... j'y vais...

SCÈNE VII.

LES MÊMES; TERESITA entrant par la porte à droite.

TERESITA, apercevant Gasparillo.

Eh bien! encore ici!... et nous sommes déjà au milieu de la journée... Tu n'as pas honte, paresseux que tu es!

GASPARILLO.

Je serais déjà à l'ouvrage, (Montrant Helena.) sans la señora... une dame du grand genre... qui te demande, et à qui je fais compagnie.

TERESITA.

C'est bon... laisse-nous.

GASPARILLO, bas à Teresita.

Elle est très-bien, cette femme-là... un air distingué.

TERESITA, de même.

Est-ce que tu dois voir ça?... Est-ce que cela te regarde?

GASPARILLO, la regardant toujours.

C'est étonnant... je n'aime maintenant que les femmes comme il faut.

TERESITA, le menaçant d'un soufflet.

Prends garde!

GASPARILLO, vivement.

Et les autres aussi... ne te fâche pas... Adieu, femme... je m'en vais... adieu.

(Il sort.)

SCÈNE VIII.

HELENA, TERESITA.

HELENA, levant son voile.

Enfin, il est parti!...

TERESITA, avec joie, et courant à elle.

Que vois-je! doña Helena, mon ancienne maîtresse!... Vous que j'avais laissée à Madrid, comment êtes-vous à Grenade?... qui vous amène chez moi?

HELENA.

Est-ce que tu ne m'attendais pas?... Est-ce que tu n'avais pas reçu une lettre qui te prévient de mon arrivée?

TERESITA.

Non vraiment... pas encore... mais qu'importe? vous voilà... je suis contente de vous voir...

HELENA.

Ah ! pourquoi m'as-tu quittée ?

TERESITA.

Il le fallait bien... ma tante, qui n'avait que moi au monde, était souffrante et me rappelait près d'elle au pays... Je l'ai trouvée ici, exerçant l'état de devineresse... un bon état... qu'elle m'a appris, et qui n'est pas difficile... elle me l'a laissé en mourant... je l'ai continué ; et vous ne pouvez pas vous imaginer combien maintenant ma maison est achalandée.

HELENA.

Vraiment ?

TERESITA.

Ce n'est pas étonnant... tant de gens sont mécontents du présent, qu'ils se rejettent sur l'avenir... et je l'ai à ma disposition.

HELENA.

Tu es donc heureuse ?

TERESITA.

Ce matin encore je l'étais... je n'avais connu aucun chagrin... je m'étais mariée, depuis un an, à un bon et honnête garçon... le portefaix de Valence, que vous venez de voir, et qui m'adorait... mais les maris... voyez-vous bien... Ah ! mon Dieu ! vous soupirez... est-ce que vous connaîtriez cela ?

HELENA.

Hélas ! oui...

TERESITA.

Vous êtes mariée ?

HELENA.

Quelques mois après ton départ de Madrid, mon père me présenta comme époux don Ramiro de Melendez, que le roi vient de nommer capitaine général de cette province, et c'est dans cette qualité qu'il est arrivé ici, il y a huit jours, et nous a amenées avec lui, moi et sa sœur, jeune personne qu'il m'a confiée...

TERESITA.

Quoi !... don Ramiro... ce chef si sévère, dont l'arrivée seule a fait trembler tout le monde ?

HELENA.

Que dis-tu ?

TERESITA.

Je sais cela par mes rapports... il veut tout connaître, tout voir par ses yeux... et maintenant que j'y pense, il se pourrait bien que ce fût lui dont, ce matin, j'ai reçu la visite.

HELENA.

Grand Dieu ! s'il m'avait rencontrée !

TERESITA.

Eh bien !... il n'y a pas de mal à cela.

HELENA.

Il y en a toujours avec lui, qui, défiant, soupçonneux et jaloux, épie toutes mes actions... toutes mes démarches, et jusqu'à mes pensées.

TERESITA.

Ma pauvre maîtresse !

HELENA.

Je connais mes devoirs ; je les remplirai... ils m'ôtent le droit de me plaindre... et je ne t'aurais pas confié mes peines, s'il ne s'agissait que de moi.

TERESITA.

Que dites-vous ?

HELENA.

Que j'attends de ton zèle et de ton amitié un service d'où dépendent mon repos et mon bonheur.

TERESITA.

Parlez, de grâce.

HELENA.

Eh bien!... il est quelqu'un dont les assiduités peuvent me perdre... quelqu'un qui, par son rang et sa naissance, ne saurait longtemps se dérober aux regards de mon mari.

TERESITA.

Pauvre jeune homme!... il vous aime donc bien?

HELENA, vivement.

Je n'en sais rien... je ne veux pas le savoir... mais ce que je ne puis ignorer, c'est que partout il suit mes pas... que partout mes regards rencontrent les siens... Comment le supplier de me fuir, de m'éviter?... moi qui n'oserais lui parler, ni le voir... encore moins lui écrire... et cependant, Teresita, il y va de sa vie... tu ne connais pas mon mari... au moindre soupçon, il le tuerait, j'en suis sûre... Va le trouver, je t'en supplie... dis-lui que s'il m'aime... que si mon honneur lui est cher, il évite ma présence.

TERESITA.

Oui, madame.

HELENA.

Qu'il quitte cette ville.

TERESITA.

Oui, madame... je dirai tout ce que vous voudrez.

HELENA.

Dieu! l'on vient.

TERESITA, apercevant Christina qui reste timidement au fond du théâtre.

C'est une femme.

HELENA.

Christina... la sœur de mon mari.

TERESITA, à voix basse et sur le devant du théâtre.

Votre belle-sœur!... est-ce une ennemie?... la craindriez-vous?

HELENA, de même.

Je ne crains point son cœur, qui est excellent, mais son

indiscrétion... car j'étais sortie à son insu... et je ne sais elle-même pour quel motif...

TERESITA, montrant une porte à droite.

Entrez là... attendez-moi au jardin, je vais la faire causer, et je saurai ce qui l'amène.

(Helena, qui a baissé son voile, entre dans le cabinet à droite.)

SCÈNE IX.

TERESITA, CHRISTINA.

CHRISTINA, au fond.

Ah! mon Dieu!... je n'ose avancer... et le cœur me bat... N'est-ce pas ici que demeure la señora Teresita, cette grande devineresse... qu'on dit si savante?

TERESITA.

Oui, señorita... approchez, et n'ayez pas peur... (A part.) Elle est gentille, notre belle-sœur, et sa vue me prévient pour elle. (Haut.) Qui êtes-vous?

CHRISTINA.

J'aimerais autant ne pas vous le dire... c'est un grand secret que je viens... Depuis huit jours... je n'entends parler que de vous... et je mourais d'envie de vous consulter... Aujourd'hui, par un grand hasard, mon frère, qui ne nous quitte jamais, était sorti... ma sœur venait de partir pour la messe... j'ai pris sur-le-champ ma résolution... je me suis enveloppée dans cette mante, et me voilà... Dépêchez-vous, pour que je puisse rentrer à l'hôtel sans être reconnue de personne...

TERESITA.

Excepté de moi qui sais tout, qui ai deviné sans peine doña Christina de Melendez.

CHRISTINA.

Est-il possible?... tout ce qu'on dit de vos talents est donc véritable?... alors je n'ai pas besoin de feindre avec vous;

vous savez ce qui m'amène... Tenez, (Lui donnant une bourse.) voilà tout ce que je possède... si ce que je désire doit arriver, dites-le-moi tout de suite ; sinon, et si c'est impossible, ne me dites rien... pour que je puisse espérer toujours... Eh bien !... vous hésitez... O ciel !...

TERESITA, à part.

Non, vraiment, pauvre jeune fille... je ne peux pas la tromper ainsi... (Haut.) Certainement, je sais ce qui vous amène, mais pas aussi bien que vous... ainsi, dites toujours... mais dépêchez-vous, parce que j'ai là du monde qui m'attend.

CHRISTINA.

Ce ne sera pas long... (Vivement.) J'ai un frère, un grand seigneur ; il a épousé une femme charmante, qui est ma compagne, mon amie.

TERESITA, souriant.

Doña Helena.

CHRISTINA.

Oui, vraiment... mais, quoique ce soit un ange de bonté, son mari...

TERESITA.

Est jaloux.

CHRISTINA, étonnée.

Elle sait tout... (Reprenant vivement.) Eh bien ! oui, mon frère est jaloux... ce n'est pas sa faute ; cela peut arriver à tout le monde... et cette jalousie-là est cause que, lors des derniers événements, il nous a fait quitter Madrid, avec une escorte qui devait nous conduire dans un de ses châteaux.

TERESITA.

C'était bien.

CHRISTINA.

C'était mal... car, dès le second jour, attaquées par les soldats des Cortès, qui ne ménageaient guère les personnes de la cour, c'en était fait de nous, si l'officier qui commandait le détachement ne nous avait prises sous sa protection... Oh! quel bon et aimable jeune homme! Pendant un mois que nous avons été ses prisonnières, que de soins, que d'égards pour ma sœur et pour moi!... il ne nous quittait pas d'un instant... si tu savais quels nobles sentiments, quel cœur généreux! quel amour pour la patrie... enfin, moi qui étais royaliste, je ne l'étais plus.

TERESITA.

Est-il possible!

CHRISTINA.

Il faut te dire que nous passions nos soirées ensemble... tous les trois, en tête à tête... nous faisions de la musique... et il a une si jolie voix... surtout, quand il chantait une certaine romance...

TERESITA.

Et quel était ce beau jeune homme, qui chantait de si jolies romances?

CHRISTINA.

Son nom, tu le sais bien... ne me le demande pas... mais pour la romance, la voici... je ne l'ai point oubliée.

ROMANCE.

Premier couplet.

Qu'elle tarde à paraître,
Celle que j'aime tant!
Lorsque sous sa fenêtre
Soupire un tendre amant,
Qui donc peut causer son absence?
Minuit sonne à la grande tour...
Voici la nuit et le silence,
La nuit, le silence et l'amour.

Deuxième couplet.

Dès longtemps, sans paraître,
Isabelle écoutait;
On ouvre sa fenêtre

Et Fernand répétait :
- Plus de crainte, plus de souffrance ;
Tout mon bonheur est de retour.
Chantons la nuit et le silence;
La nuit, le silence et l'amour.

TERESITA.

Il est de fait qu'un beau jeune homme qui chante des romances aussi expressives doit laisser des souvenirs... et depuis on a pensé à lui, on s'en est occupé ?

CHRISTINA, baissant les yeux.

Comme tu devines !

TERESITA.

C'est mon état. Et vous l'avez revu à Grenade ?...

CHRISTINA.

Deux fois, par hasard... à la promenade.

TERESITA.

Et vous voudriez savoir...

CHRISTINA.

S'il pense à moi...

TERESITA.

S'il vous aime ?

CHRISTINA, ingénument.

Ah ! mon Dieu oui... s'il sera mon mari.

TERESITA.

Il ne vous l'a donc pas dit lui-même ?

CHRISTINA.

Impossible !... il nous suit sans jamais nous parler... sans nous aborder jamais, et si tu pouvais par ton art merveilleux... (Regardant au fond don Raphaël qui entre.) Ah ! que je te remercie ! c'est lui, le voici...

TERESITA.

Don Raphaël !... le vice-roi...

CHRISTINA, baissant son voile.

Lui-même...

TERESITA.

Allons... elle pouvait choisir plus mal !

SCÈNE X.

DON RAPHAEL, TERESITA, CHRISTINA.

TRIO.

DON RAPHAEL, s'approchant de Teresita.

Vous dont on vante la science,
(Montrant Christina.)
Puis-je vous parler sans témoins ?

TERESITA, montrant Christina qui se tient à l'écart.

C'est une dame d'importance
Qui réclamait aussi mes soins.
(S'approchant de lui.)
Mais parlez-moi, parlez tout bas,
Elle ne vous entendra pas.

DON RAPHAEL, à voix basse, et prenant Teresita à gauche du spectateur.

Auprès de toi l'amour m'amène,
C'en est fait de mes tristes jours
Si tu ne viens à mon secours.

TERESITA, souriant.

Quoi ! la nouvelle est bien certaine ?
Vraiment, vous êtes amoureux ?

DON RAPHAEL.

Ah ! prends pitié d'un malheureux,
Et vois le trouble de mon âme !

TERESITA, lui faisant signe de la main.

Ah ! je reviens vous écouter...
(Montrant Christina qui est au coin du théâtre à droite.)
Laissez-moi dire à cette dame
De ne pas s'impatienter.
(Allant à Christina, elle lui dit gaîment et à voix basse.)
C'est l'amour qui chez moi l'amène,

Il dit qu'il est bien malheureux;
Il prétend qu'il est amoureux.

CHRISTINA, de même.

Il serait vrai!

TERESITA, de même.

J'en suis certaine.

CHRISTINA.

Le ciel exauce donc mes vœux.

Ensemble.

DON RAPHAEL.

A toi, qu'on dit si bonne,
Tout mon cœur s'abandonne;
Prête-moi ton secours,
Protége mes amours!

TERESITA.

O hasard qui m'étonne!
Mais moi je suis si bonne,
C'est mon art qui toujours
Protége les amours.

CHRISTINA.

O divine Madone,
Ma fidèle patronne,
Prête-moi ton secours,
Protége mes amours!

TERESITA, à don Raphaël.

Je savais tout cela... je sais que dans la guerre,
Elle fut votre prisonnière.

DON RAPHAEL, avec joie.

Qui te l'a dit?

TERESITA.

Et chaque jour,
Vous lui chantiez cette romance :
« Voici la nuit et le silence,
« La nuit, le silence et l'amour. »

DON RAPHAEL.
Je vois que l'on peut tout te dire.
Oui, tu sais pour qui je soupire,
Je l'adore, mais son époux...

TERESITA, étonnée.
Son époux! que me dites-vous?

DON RAPHAEL.
Oui, son époux est si jaloux!

CHRISTINA, s'approchant de Teresita, à voix basse.
Que dit-il?

TERESITA, lui faisant signe de s'éloigner.
Rien; taisez-vous!
(A part.)
Dieu! n'allons pas nous compromettre!
Ce n'est pas elle qu'il aimait!
C'est sa sœur.

DON RAPHAEL.
Il faut en secret,
Aujourd'hui même lui remettre
Ce billet.

TERESITA.
Qu'est-ce que je vois?

DON RAPHAEL, tirant une bourse.
Accepte... et cet or est à toi.

TERESITA, embarrassée et à part.
Dieu! que faire et quel parti prendre?
(Montrant la porte du cabinet où dona Helena est entrée.)
Elle est là qui doit tout entendre.

DON RAPHAEL, à gauche, lui présentant la bourse et la lettre.
Accepte donc... comble mes vœux.

CHRISTINA, à droite, et l'engageant à prendre la lettre.
Accepte donc!

TERESITA.
Je ne le peux.

DON RAPHAEL et CHRISTINA.
Accepte donc, accepte donc!

TERESITA, à part.
Je ne demande pas mieux.

Ensemble.

DON RAPHAEL.
Pourquoi se montrer si sévère
Quand tu pourrais combler mes vœux?
Accepte, ou bien crains ma colère,
Accepte... il le faut... je le veux.

CHRISTINA.
Pourquoi se montrer si sévère
Quand tu pourrais combler ses vœux?
Accepte, ou bien crains sa colère,
Il va devenir furieux.

TERESITA.
Mon Dieu! que répondre et que faire?
(Montrant le cabinet à droite.)
Celle qu'il aime est en ces lieux!
Et je voudrais, ô sort prospère!
Je voudrais les servir tous deux.
(En ce moment s'ouvre la porte du fond, et don Ramiro paraît.)

SCÈNE XI.

Les mêmes; DON RAMIRO.

FINALE.

DON RAMIRO.
Elle est ici, j'en suis certain.

CHRISTINA, l'apercevant.
Dieu! c'est mon frère!
(Elle s'assied près de la table à gauche, et Teresita, debout devant elle, la cache en partie.)

DON RAMIRO, la regardant.

    A ce trouble soudain,
Je peux deviner qui m'offense.
Vainement sous le voile épais
Elle espère cacher ses traits,
  (Allant vers elle.)
Je saurai bien dans ma vengeance...

DON RAPHAEL, traversant le théâtre et se mettant entre don Ramiro et Christina.

Arrêtez, je prends sa défense.

DON RAMIRO.

Et de quel droit?

DON RAPHAEL.

    Je ne la connais pas;
(A Christina.)
Mais daignez accepter le secours de mon bras,
Et votre attente ici ne sera point trompée,
Tant que ma main pourra soutenir une épée...

DON RAMIRO, regardant Raphaël d'un air menaçant.

Je connais donc enfin ce rival odieux!
Ma femme est sa complice... et je veux, tous les deux,
Les punir...
  (A don Raphaël.)
  Défends-toi, si tu n'es un infâme.

DON RAPHAEL.

Ton sang paîra ce mot.

      (Ils croisent leurs épées.)

SCÈNE XII.

Les mêmes; HELENA, sortant du cabinet.

HELENA.

Arrêtez!

TOUS.

    Ah! grands dieux!

CHRISTINA, étonnée et levant son voile.

C'est ma sœur !

DON RAMIRO, de même.

C'est ma femme !

DON RAPHAEL, de même.

Celle que j'aime est en ces lieux !

Ensemble.

DON RAMIRO.

Est-ce une erreur qui nous abuse ?
Ma sœur et ma femme en ces lieux !
Peut-être à tort je les accuse.
Cachons mon trouble à tous les yeux.

DON RAPHAEL.

Est-ce une erreur qui nous abuse ?
Celle que j'aime est en ces lieux !
Le ciel, que mon amour accuse,
Était près de combler mes vœux.

HELENA et CHRISTINA.

Que lui dire ? et par quelle excuse
Calmer ses transports furieux ?
Malgré moi, mon trouble m'accuse,
Et je n'ose lever les yeux.

TERESITA, regardant les deux sœurs.

Ici, leur trouble les accuse,
Elles n'osent lever les yeux ;
Tâchons du moins, par quelque ruse,
De les sauver toutes les deux.

DON RAMIRO, à Helena et à Christina.

M'expliquera-t-on ce mystère ?

HELENA et CHRISTINA, troublées.

Seigneur... seigneur...

TERESITA, bas.

Laissez-moi faire,
Je vous sauverai du danger.

(Haut, à don Ramiro dont elle s'approche, et montrant Helena.)

Sachant que votre sœur, à ses soins confiée,

Devait, en grand secret, venir m'interroger,
Elle l'avait suivie et l'avait épiée,
(Montrant le cabinet.)
Invisible et toujours prête à la protéger.

CHRISTINA, se retournant vers Helena.

Ah! ma sœur, que vous étiez bonne!
(A don Ramiro.)
Seule, j'ai mérité votre juste courroux.
Que votre bonté me pardonne!

DON RAMIRO.

N'en parlons plus.

TERESITA, bas à don Raphaël.

Retirez-vous.

DON RAPHAEL.

Me retirer... non pas encore...
(Regardant don Ramiro, à part.)
Voilà donc cet époux... ce tyran que j'abhorre!
Sa vue a redoublé tous mes transports jaloux.

DON RAMIRO, s'approchant de don Raphaël et lui montrant Christina.

Vous qui, sans la connaître, aviez pris sa défense,
Daignez excuser mon erreur,
Noble cavalier.

DON RAPHAEL.

Non; après pareille offense,
Cette excuse ne peut satisfaire mon cœur.
(Se rapprochant de lui et à demi-voix.)
Vous m'avez insulté, j'en demande vengeance.

DON RAMIRO.

Vous l'aurez.

DON RAPHAEL.

Parlons bas.

DON RAMIRO.

Dès demain.

DON RAPHAEL.

En quels lieux?

DON RAMIRO.

Sous les murs du couvent de Sainte-Rosalie.

DON RAPHAEL.

J'y serai.

DON RAMIRO.

Moi de même.

DON RAPHAEL, à part.

Enfin, j'aurai sa vie,
Ou bien je périrai.

DON RAMIRO, de même, regardant don Raphaël.

La mort pour l'un des deux.

HELENA, TERESITA, CHRISTINA, les regardant, à part.

Qu'ont-ils donc tous les deux?

Ensemble.

DON RAPHAEL.

La fureur, la vengeance,
Sauront guider mon bras.
Comptez sur ma présence,
Je n'y manquerai pas.

DON RAMIRO.

Je punis qui m'offense,
Qu'il redoute mon bras!
Comptez sur ma présence,
Je n'y manquerai pas.

HELENA.

Toi qui vois ma souffrance,
Toi qui vois mes combats,
Céleste Providence,
Ne m'abandonne pas!

CHRISTINA.

Quelle douce espérance!
Avenir plein d'appas!
En toi j'ai confiance,
Ah! ne m'abuse pas!

TERESITA, aux deux femmes.
Mon zèle et ma puissance
Vous tirent d'embarras.
Gardez bien le silence,
Ne vous trahissez pas.

SCÈNE XIII.

Les mêmes; Gens du peuple, puis GASPARILLO.

INÈS et MELLO, à Teresita.
Quel bonheur! sa prophétie
S'accomplit pour nous déjà;
Dès demain l'on nous marie,
Célébrons Teresita.

GASPARILLO, à Inès et Mello.
Quoi! vraiment, vous venez de faire un héritage?
(Montrant Teresita.)
Elle l'avait prédit, et votre mariage...
(S'avançant et apercevant Helena. — A part.)
Ah! grand Dieu! qu'ai-je vu?

TERESITA, l'examinant.
Qu'as-tu donc!

GASPARILLO.
Rien, ma femme.
(A part, regardant Helena.)
C'est elle... c'est bien elle!... oui, c'est la noble dame
Que, dans mes rêves amoureux,
Je cherchais en tous lieux.
(Haut à Teresita, lui montrant Helena.)
Qu'elle est belle!

TERESITA, sévèrement.
Où vas-tu?

GASPARILLO, à part.
Délices de mon âme!
Si je pouvais suivre ses pas!

TERESITA, *voyant qu'il veut sortir.*
Reste... tu ne sortiras pas.

GASPARILLO.
Et pourquoi?

TERESITA.
Je le veux.

GASPARILLO, *à part.*
Craignons sa jalousie.

DON RAPHAEL, *de l'autre côté du théâtre, bas à don Ramiro.*
A demain!

DON RAMIRO.
A demain! nous nous verrons tous deux.

DON RAPHAEL.
J'y serai.

DON RAMIRO.
Moi de même.

DON RAPHAEL.
Enfin, j'aurai sa vie,
Ou bien je périrai.

DON RAMIRO.
La mort pour l'un des deux!

HELENA et CHRISTINA, *à part.*
Qu'ont-ils donc tous les deux?

TERESITA, *de l'autre côté, à Gasparillo qu'elle retient.*
Reste ici, je le veux.

Ensemble.

DON RAPHAEL.
La fureur, la vengeance, etc.

DON RAMIRO.
Je punis qui m'offense, etc.

HELENA.
Toi qui vois ma souffrance, etc.

CHRISTINA.

Pour moi quelle espérance! etc.

TERESITA.

Mon zèle et ma prudence, etc.

GASPARILLO, regardant Helena.

Grand Dieu! que d'élégance,
Que de grâce et d'appas!
Douce et chère espérance,
Ne m'abandonne pas.

LE CHOEUR.

Comme la Providence,
Vous éclairez nos pas.
Notre reconnaissance
Ne vous manquera pas.

(Teresita, que les solliciteurs entourent, retient toujours près d'elle son mari, lequel suit des yeux Helena qui sort avec Christina et don Ramiro. Celui-ci serre la main de don Raphaël, qui regarde encore Helena et sort du côté opposé.)

ACTE DEUXIÈME

La chambre d'Helena. — A gauche, un large balcon dont les croisées sont ouvertes.

SCÈNE PREMIÈRE.

HELENA, CHRISTINA, DAMES et JEUNES FILLES assises, et occupées à différents ouvrages de femme.

LE CHŒUR.
Brise du soir, brise légère,
Combien ton souffle a de douceur!
Reviens à la nature entière
Rendre le calme et la fraîcheur.

CHRISTINA, à Helena.
Pour nous consoler de l'absence,
Moi d'un frère, toi d'un époux,
Ces dames, quelle complaisance!
Viennent passer la soirée avec nous.

HELENA, à part.
Ne pouvoir être seule...
(Haut à Christina, montrant son ouvrage.)
Allons, que la veillée
A d'utiles travaux au moins soit employée.

CHRISTINA, laissant tomber ses bras et son ouvrage.
Délassons-nous plutôt de la chaleur du jour.
La nuit et les plaisirs sont enfin de retour.

LE CHŒUR.
Brise du soir, brise légère, etc.
(On entend le son d'une cloche.)

HELENA.

C'est l'angelus, entendez-vous ?
C'est l'heure de prier; mesdames, à genoux.

(Toutes tombent à genoux.)

CHRISTINA.

Vierge divine, en qui j'espère,
Par qui nos vœux sont exaucés,
Si je t'adresse ma prière,
Ce n'est pas pour moi, tu le sais.

LE CHŒUR.

Vierge divine, en qui j'espère,
Par qui mes vœux sont exaucés,
Daigne accueillir notre prière,
Notre cœur est pur, tu le sais.

(Les voix vont toujours en diminuant. Sur cette ritournelle, toutes les femmes sortent.)

SCÈNE II.

HELENA, CHRISTINA.

HELENA.

Enfin, elles s'éloignent.

CHRISTINA, regardant autour d'elle.

Je n'en reviens pas encore de tous ces apprêts de voyage. Quoi ! vraiment, ma sœur, vous partez demain?

HELENA.

Tu vois que mes malles sont presque achevées... je vais passer quelques semaines en retraite au couvent Della Pieta !...

CHRISTINA.

En l'absence de mon frère !

HELENA.

Je ne partirai pas sans l'avoir vu. Les devoirs de sa place l'appelaient ce soir à quelques lieues d'ici, mais demain matin il revient...

CHRISTINA.

A la bonne heure...

HELENA.

En attendant, et comme nous ne sommes plus que des femmes dans la maison... prends bien garde...

CHRISTINA.

Oui, ma sœur.

HELENA.

Qu'on ferme bien toutes les portes... à commencer par celles de cet appartement.

CHRISTINA.

Oui, ma sœur... mais pas encore.

HELENA.

Et pourquoi?

CHRISTINA.

Je vais donner des ordres... tout surveiller... et puis je viendrai vous embrasser... car avant de vous dire bonsoir... j'aurais quelque chose à vous apprendre... à vous confier.

HELENA.

A moi!...

CHRISTINA.

Oui... adieu, je reviens.

SCÈNE III.

HELENA, seule, et assise.

Quelle journée! j'ai cru qu'elle ne finirait pas... cette rencontre chez Teresita... ce Raphaël que je retrouve partout... moi qui fais tout pour le fuir... et quand j'y parviendrais... le moyen de fuir son image... qui dans ce moment encore... est là devant mes yeux?... je partirai... j'irai m'enfermer dans cette retraite, pour chercher aux pieds des autels la force de l'oublier! et si demain, à son retour, mon mari s'étonne de ce brusque départ... je lui dirai la vérité... je lui avouerai tout ce qui se passe dans mon cœur... oui, c'est le seul parti à prendre.. et depuis que j'y suis décidée, me voilà plus tranquille... je parviendrai peut-être ainsi à chasser ce souvenir qui me poursuit. (On entend sous le balcon à gauche un prélude de guitare.) Qu'entends-je?... cette romance qu'autrefois nous chantions ensemble... allons, il faut, que malgré moi, tout me le rappelle... jusqu'à cet air, que le hasard fait sans doute jouer sous mes fenêtres.

ROMANCE.

Premier couplet.

DON RAPHAEL, en dehors.

Qu'elle tarde à paraître,
Celle que j'aime tant.
Lorsque sous sa fenêtre,
Soupire son amant!

HELENA, s'éloignant de la fenêtre.

Grand Dieu! c'est lui!... gardons-nous de nous montrer.

Deuxième couplet.

DON RAPHAEL, en dehors, achevant la romance.

Rempli de trouble et d'espérance,
En attendant son doux retour,
Chantons la nuit et le silence,
La nuit, le silence et l'amour.

HELENA.

Ah! c'est se rendre coupable même de l'entendre, et je ne dois pas...

(Elle court fermer la fenêtre ; et en ce moment don Raphaël, qui vient de monter sur le balcon, se présente devant elle.)

SCÈNE IV.

DON RAPHAEL, HELENA.

HELENA.

C'est fait de moi !

DON RAPHAEL, à demi-voix.

Ne craignez rien.

HELENA.

Quelle imprudence! quelle audace! qui vous a donné ce droit?

DON RAPHAEL.

Mon amour, et les tourments que j'éprouve... je ne vous demande qu'un instant, et je pars.

HELENA.

Vous me perdez!... et mon mari...

DON RAPHAEL.

Il est absent... je le sais... mes émissaires l'ont suivi jusqu'aux portes de la ville... la nuit est obscure, et dans cette ruelle écartée, où j'étais seul, personne ne m'a vu.

HELENA.

Et mes femmes qui peuvent vous entendre!... ma sœur, qui n'est pas encore rentrée dans son appartement!

DON RAPHAEL.

Il faut cependant que je vous parle, je n'en trouverai jamais d'autre occasion, car je vous vois ici pour la dernière fois peut-être.

HELENA.

Que dites-vous?

DON RAPHAEL.

Que demain j'aurai cessé de souffrir... demain mon sort sera décidé...

HELENA.

Ne parlez pas ainsi, je vous en conjure... et si vous m'aimez... (Écoutant.) Taisez-vous... on monte... c'est Christina... c'est ma sœur qui revient.

DON RAPHAEL, montrant la porte à droite qui est ouverte.

Elle ne me verra pas... et cet appartement...

HELENA.

Non, je ne le veux point... (La porte du fond s'ouvre.) C'est elle, il n'est plus temps.

(Don Raphaël qui est entré dans le cabinet à droite a poussé la porte, qui reste tout contre, et que de temps en temps on voit remuer.)

SCÈNE V.

HELENA, CHRISTINA, DON RAPHAEL.

CHRISTINA.

Me voilà... tout est exactement fermé... tout le monde est retiré ; et nous sommes maintenant, dans ce logis, les seules à veiller.

HELENA.

Oui... il est bien tard... et demain, Christina, demain tu me diras ce que tu veux me dire.

CHRISTINA.

Impossible, puisque vous partez demain... Voilà déjà si longtemps que je remets de jour en jour... jamais je n'osais... Mais aujourd'hui... mais dans ce moment... nous sommes seules... personne ne peut nous entendre... et puis mon frère est absent... cela me donne du courage ; et j'ai tant à vous remercier de ce que, ce matin, chez la devineresse, vous étiez là, pour veiller sur moi, pour me protéger !

HELENA.

Ne parlons plus de cela.

CHRISTINA.

Au contraire... si j'ai commis une pareille imprudence... c'était manque de confiance en vous... c'est parce que je n'avais osé vous avouer encore... ce qui se passait dans mon cœur...

HELENA.

Que veux-tu dire?

CHRISTINA.

Qu'il y a quelqu'un au monde dont jusqu'ici je ne vous ai jamais parlé... et ce n'est pas faute d'y penser, car toute la journée je ne fais que cela... et bien souvent la nuit encore.

ROMANCE.

Premier couplet.

Je me rappelle avec plaisir et peine
    Son air et ses moindres discours;
Il ne doit point venir, j'en suis certaine,
    Et pourtant je l'attends toujours.
Je pense à lui, quand on me trouve belle;
Il ne m'a pas, hélas! promis sa foi;
Et je mourrais s'il m'était infidèle.
    O ma sœur, défends-moi;
    Ma sœur, protége-moi!

Deuxième couplet.

Tous les plaisirs qui me charmaient naguère
    Loin de lui causent mon ennui;
Qu'un autre amant s'efforce de me plaire,
    Je me dis : Ah! ce n'est pas lui.
Je veux tâcher de l'oublier... et même
De le haïr... mais malgré moi, je crois...
S'il était là... je lui dirais : Je t'aime.
    O ma sœur, défends-moi...
    Ma sœur, protége-moi!

HELENA.

Te défendre... te protéger... c'est donc un choix indigne de nous?

CHRISTINA.

Oh! non... car le fils du vice-roi...

HELENA.

O ciel! ce serait...

CHRISTINA.

Don Raphaël... est-ce que je ne vous l'ai pas dit?... eh mais! votre main tremble... qu'avez-vous donc?

HELENA.

Moi, rien.

CHRISTINA.

Si vraiment... vous me regardez avec colère... vous êtes fâchée contre moi!

HELENA.

Nullement.

CHRISTINA.

Est-ce ma faute à moi, si je l'aime, si je n'aime que lui?

HELENA, regardant la porte à droite.

Tais-toi... tais-toi, de grâce.

CHRISTINA.

Il n'en saura jamais rien... soyez tranquille... mais à vous, ma sœur et mon amie, je puis bien tout avouer... eh bien! oui, je n'en aimerai jamais d'autre... et s'il n'est pas mon mari, je me mettrai dans un couvent...

HELENA.

Y penses-tu?

CHRISTINA.

Ou je mourrai de chagrin... c'est comme vous voudrez... choisissez...

HELENA.

Non, tu ne mourras pas... il est impossible qu'il ne soit pas touché d'un amour aussi vrai, aussi sincère, et je crois... j'espère qu'il t'aimera... oui, il doit t'aimer... et en t'épousant, il assurera notre bonheur à tous.

14.

CHRISTINA, avec joie.

Vous croyez...

HELENA.

J'y tâcherai du moins, et de tout mon pouvoir... Adieu, ma sœur, bonne nuit.

CHRISTINA.

Je vous ai parlé, je m'en vais plus heureuse, plus tranquille.

HELENA.

Ah! tu as raison... un amour pur et légitime est si doux, même quand il est malheureux... Bonsoir, bonsoir... à demain.

(Christina sort par la porte du fond, qu'on lui entend fermer aux verrous.)

SCÈNE VI.

HELENA, DON RAPHAEL.

DUO.

HELENA.

Malgré moi, vous venez d'entendre
Les aveux que m'a faits ma sœur;
Un cœur si naïf et si tendre
Ne dit-il rien à votre cœur?

DON RAPHAEL.

Je sais qu'elle est aimable et belle,
J'admire sa douce candeur,
Mais je le sens, ce n'est pas d'elle
Que peut dépendre mon bonheur.

HELENA.

Ah! si jamais je vous fus chère,
Si vous m'aimez encore...

DON RAPHAEL.

Eh bien?

HELENA, avec émotion.

Qu'avec elle un hymen prospère
Fasse son bonheur... et le mien.

DON RAPHAEL, étonné.

O ciel!

HELENA.

Exaucez ma prière,
Écoutez la voix de l'honneur.

DON RAPHAEL.

Ah! je n'écoute que mon cœur.

Ensemble.

HELENA.

Ah! je vous en supplie,
Je serai votre amie,
Je vous rends votre foi!
De grâce, oubliez-moi!
Si vous m'aimez, oubliez-moi.

DON RAPHAEL.

O maîtresse chérie,
Doux charme de ma vie,
Toi seule auras ma foi...
Vivre et mourir pour toi!
Je veux vivre et mourir pour toi!

HELENA.

Rappelez-vous le serment qui me lie.

DON RAPHAEL.

Rappelez-vous qu'en vous seule est ma vie.

HELENA.

Partez, alors, fuyez ces lieux;
Partez, je ne puis vous entendre.

DON RAPHAEL.

Recevez mes derniers adieux.
Au combat où l'on doit m'attendre,
Demain, je ne veux pas défendre
Des jours qui vous sont odieux.

HELENA.
Quoi! demain un combat! que dites-vous, grands dieux!

DON RAPHAEL.
Près du couvent de Sainte-Rosalie,
Mon sort s'accomplira; mais si je dois périr...
C'est pour vous seule, ô mon amie!
Que sera mon dernier soupir.

Ensemble.

HELENA.
Ah! je vous en supplie! etc.

DON RAPHAEL.
O maîtresse chérie, etc.

(En ce moment, on entend frapper en dehors, dans la rue.)

HELENA, étonnée, s'arrête.
A cette heure, chez moi, qui frappe de la sorte?

DON RAPHAEL, écoutant.
C'est en dehors, c'est à la grande porte.

DON RAMIRO, en dehors, à voix haute.
Ouvrez, ouvrez... chacun déjà dort-il ici?

HELENA.
C'en est fait de nous, c'est mon mari.

Ensemble.

HELENA.
De surprise et d'horreur
Je sens battre mon cœur;
Je tremble et meurs d'effroi;
Mon Dieu, secourez-moi!

DON RAPHAEL.
Pour elle, de terreur,
Je sens battre mon cœur;
Ah! calmez cet effroi,
Grands dieux! inspirez-moi!

(On frappe encore.)

HELENA, regardant par la fenêtre.
On s'éveille... on se lève, on ouvre...
Il me tuera, s'il vous découvre.

DON RAPHAEL.
Ne craignez rien, je pars.
(Il s'approche du balcon et va descendre, il s'arrête.)
O Dieu!
L'échelle est renversée.

HELENA.
Et comment de ce lieu
Sortir maintenant?

DON RAPHAEL, courant à la fenêtre.
Que m'importe?

HELENA, d'un air effrayé et l'arrêtant.
Y pensez-vous... trente pieds de hauteur!

DON RAPHAEL, lui prenant la main.
Et pourquoi trembler de la sorte?
Que m'importent mes jours, pour sauver votre honneur!

HELENA.
Ce n'est point le sauver; c'est attester ma honte.

DON RAPHAEL, écoutant.
Silence!

HELENA, avec effroi.
Entendez-vous? on monte.

DON RAPHAEL, voulant retourner dans l'appartement à droite.
Ah! cet appartement.

HELENA.
Arrêtez... c'est celui
Qu'habite mon mari.

DON RAPHAEL, montrant une grande malle.
Ah! ce coffre, du moins...

HELENA.
Je n'y puis consentir;
Vous n'y pourrez rester.

DON RAMIRO, en dehors, à la porte de l'appartement.

Ouvrez.

HELENA.

Je vais mourir!

Ensemble.

HELENA.

De surprise et d'horreur, etc.

DON RAPHAEL.

Pour elle, de terreur, etc.

(A la fin de cet ensemble, don Raphaël se cache dans le coffre, dont il referme le couvercle sur lui, et don Ramiro continue à frapper à la porte ; Helena va ouvrir, don Ramiro paraît.)

SCÈNE VII.

HELENA, DON RAMIRO.

HELENA.

Pardon, monsieur, de vous avoir fait attendre.

DON RAMIRO, la regardant attentivement.

Eh! mais... comme vous êtes émue!

HELENA.

Le trouble d'une si brusque arrivée au milieu de la nuit...

DON RAMIRO.

Oui, la nuit est fort avancée... comment, à une pareille heure, n'êtes-vous pas couchée?

HELENA, troublée.

Je lisais dans ma chambre... et je m'étais endormie... là dans un fauteuil... lorsque j'ai été réveillée par vous en sursaut... cela m'a causé une frayeur...

DON RAMIRO, lui prenant la main.

Que vous avez conservée encore.

HELENA.

C'est vrai.

DON RAMIRO.

Je suis fâché que ma présence produise un tel effet.

HELENA.

Monsieur...

DON RAMIRO.

Je ne suis resté que peu de temps à Santa-Fé... le temps d'y donner les ordres nécessaires... et je me suis hâté de revenir... car j'ai demain, ici... au point du jour, une affaire que je ne puis remettre.

HELENA.

O ciel ! quelque danger vous menace !

DON RAMIRO.

Qui vous le fait présumer ?

HELENA.

L'air sombre dont vous m'annoncez cette nouvelle... et puis hier, chez Teresita... je vous ai vu parler à voix basse avec ce jeune homme.

DON RAMIRO, d'un air méfiant.

Ce jeune homme ! que vous ne connaissiez pas...

HELENA, baissant les yeux.

Fort peu.

DON RAMIRO.

Vous savez donc, comme je l'ai appris depuis, que c'est don Raphaël... le fils du vice-roi?

HELENA.

Oui, monsieur.

DON RAMIRO, la regardant avec défiance.

Et il était là... par hasard ?

HELENA.

Pouviez-vous supposer qu'il y fût par mon ordre ?

DON RAMIRO.

Non ; car sur-le-champ il eût payé de sa vie... du reste, et quoique son père soit rentré en grâce, quoiqu'il commande en cette province, c'est une famille de traîtres et de rebelles... le fils surtout, qui a siégé dans l'assemblée des Cortès... et je suis trop heureux de pouvoir le châtier... nous nous verrons demain.

HELENA, avec effroi.

Quoi, c'est avec lui?

DON RAMIRO.

Ne craignez-vous pas déjà pour ses jours?

HELENA, avec indignation.

Ah! monsieur!

DON RAMIRO.

Pardon! c'est vous outrager, je le sais... Helena, je vous rends bien malheureuse... mais dites-vous parfois que mes tourments sont plus cruels que les vôtres... et demain, si je succombe, ne haïssez pas ma mémoire.

(Helena, tremblante, cache sa tête dans sa main. Don Ramiro revient près de sa femme, lui prend la main, l'embrasse sur le front, puis rentre dans son appartement.)

SCÈNE VIII.

HELENA, seule.

Il est parti... (Appelant à voix basse et s'approchant du coffre qu'elle ouvre.) Raphaël, sortez sans bruit... ô ciel! sa main est glacée!

AIR.

Mon Dieu! que puis-je faire?
(Avec désespoir.)
Raphaël, Raphaël! il ne me répond pas...
Que cette voix qui te fut chère
Dissipe ton sommeil et t'arrache au trépas!
(Avec tendresse.)
Reviens à toi, mon bien suprême!
(Avec délire, et à genoux près de lui.)

Écoute-moi... je t'aime... je t'aime...
Reviens entendre mon amour.
(Se relevant et s'éloignant de lui.)
Qu'ai-je dit... ô honte éternelle!
Je me rends criminelle
Sans pouvoir lui rendre le jour!

Je tremble, je frissonne,
Mon Dieu! n'est-il personne
Qui protége mon sort?
Hélas! tout m'abandonne,
Et partout m'environne
Ou la honte, ou la mort.

Hélas! sa perte est assurée.
Il va mourir! je mourrai comme lui!
Oui, mais mourir déshonorée...
Et mes enfants, et mon mari!
Je leur laisse le droit de m'accuser toujours.
Ah! qui pourra venir à mon secours?

Je tremble, je frissonne, etc.

(On entend dans la rue et dans le lointain la ronde que Gasparillo chante au premier acte.)

GASPARILLO.
Oh! oh! des fardeaux,
Des ballots!

HELENA, écoutant.
Qu'entends-je, et quel espoir en mon cœur vient de naître?
Quelqu'un passe sous ma fenêtre.
(Courant au balcon, et appelant à voix basse.)
Ah! quel qu'il soit... Seigneur cavalier...

GASPARILLO, en dehors dans la rue.
Qui m'appelle?

HELENA.
Il y va de mes jours!
Le long de ce balcon relevez cette échelle,
Et par pitié venez à mon secours.
Il m'obéit... il monte...

(Le voyant paraître au balcon.)
O ciel! qu'ai-je vu là?
Le mari de Teresita!
Je suis sauvée.

SCÈNE IX.

HELENA, GASPARILLO, entrant dans l'appartement.

DUO.

GASPARILLO.
Où suis-je? et par quelle aventure?...

HELENA.
Parlez bas, je vous en conjure.

GASPARILLO, à part.
Que vois-je? ai-je bien mes esprits?
Oui, voilà celle que j'adore;
Un songe heureux m'abuse-t-il encore?
Anges du ciel, serais-je en paradis?

HELENA.
De grâce, parlons bas, écoutez : votre femme
M'est dévouée...

GASPARILLO, l'approuvant.
Et je le suis aussi.

HELENA.
Vous pouvez me sauver.

GASPARILLO.
Commandez, me voici.

HELENA.
Ma fortune est à vous.

GASPARILLO.
Oh! non... non pas, madame,
(Avec tendresse.)
De mes désirs ce n'est pas là l'objet;
Et de choisir si l'on me laissait maître...

HELENA.

Mais avant tout, il faut être discret.

GASPARILLO.

Je le serai.

HELENA.

Pour vous peut-être,
Ce n'est pas sans danger.

GASPARILLO.

Tant mieux !

HELENA.

Il faut du cœur.

GASPARILLO.

J'en ai pour deux.

Ensemble.

HELENA.

C'est toi, Dieu tutélaire !
Qui l'envoie en ces lieux ;
Sensible à ma prière,
Tu combles tous mes vœux.

GASPARILLO.

Parlez, que faut-il faire ?
J'obéis à vos vœux ;
Et si je puis vous plaire,
Je serai trop heureux.

HELENA.

Sachez qu'un cavalier... chez moi... pendant la nuit
A mon insu s'est introduit.

GASPARILLO.

Je le tuerai...

HELENA.

Non pas, de grâce !
Car il est là... presque mort... expirant...
En ce coffre, où, dans son audace,
Il s'est caché secrètement.

GASPARILLO, à part, avec colère.

Quel soupçon !

HELENA.

Daignez, je vous prie,
Ah ! daignez le rendre à la vie !

GASPARILLO.

Qu'ai-je entendu ?

HELENA.

J'implore ici votre secours.
C'est fait de mon honneur... et c'est fait de mes jours.
S'il était vu chez moi... Quoi ! votre cœur hésite ?

GASPARILLO, à part.

Oui, de fureur mon cœur palpite !
(Haut.)
Un homme ici !... dans votre appartement !
Il vous aimait ! c'est un amant.

HELENA.

Eh bien ! s'il était vrai ?... n'ai-je pas ton serment ?

Ensemble.

GASPARILLO.

Le dépit, la colère
Me rendraient furieux ;
Ici que dois-je faire ?
Faut-il servir ses vœux ?

HELENA.

C'est un Dieu tutélaire
Qui t'envoie en ces lieux ;
Exauce ma prière
Et comble tous mes vœux.

GASPARILLO, après avoir hésité.

Puisqu'à vos vœux il faut que j'obéisse,
Je veux donc bien vous rendre ce service.
(La regardant avec amour et jalousie.)
Mais à condition...

HELENA, vivement.

Tout ce que tu voudras.

GASPARILLO, avec joie.

Serait-il vrai ?

HELENA, de même.

Demande, et j'y souscris d'avance.

GASPARILLO.

Eh bien ! donc, il me faut...

HELENA, lui faisant signe de se taire.

Silence !

(Écoutant du côté de la fenêtre.)
Quel est ce bruit lointain ?... n'entends-tu pas ?
(On entend l'air militaire qu'on a entendu à la première scène, et dont le bruit augmente peu à peu.)
Il faut partir, de peur qu'à ce bruit ne s'éveille...
Mon mari.

GASPARILLO.

J'entends à merveille.
Mais rappelez-vous bien ce qui me fut promis.
Je veux ce soir être votre complice ;
Mais dès demain... chez vous... de ce service
Je viendrai réclamer le prix.
Et si vous me trompiez ?

HELENA.

Qui ? moi ! va, ne crains rien.

GASPARILLO.

Quel bonheur est le mien !

Ensemble.

HELENA.

Sois mon Dieu tutélaire,
Daigne combler mes vœux !
Exauce ma prière,
Sors vite de ces lieux.

GASPARILLO, à part.

Pour moi, quel sort prospère !
Je serai donc heureux ;
Cette beauté si fière

Comblera tous mes vœux.
(Le bruit de la ronde approche. Il augmente. Helena regarde avec effroi du côté de l'appartement de son mari, et reprend sur un mouvement plus vif, qui forme le stretto du duo.)

Ensemble.

HELENA.

Déjà le bruit augmente,
Je frémis d'épouvante.
Je crois, toute tremblante,
Entendre mon mari.
Quoi ! votre cœur hésite ?
D'effroi, le mien palpite ;
De grâce, partez vite,
Éloignez-vous d'ici.

GASPARILLO, à part, la regardant.

Ah ! qu'elle est séduisante !
En la voyant tremblante,
Mon ardeur s'en augmente,
Et je suis attendri !
D'amour mon cœur hésite,
Mais d'espoir il palpite...
J'obéis ; au plus vite
Je m'éloigne d'ici.

(En ce moment, on entend du bruit dans l'appartement à droite. — Helena souffle la bougie qui est sur la table, et s'élance dans la chambre de son mari. Gasparillo traîne le coffre du côté de la croisée. La ronde militaire devient plus forte.)

ACTE TROISIÈME

Un jardin public. — A gauche, le palais de don Ramiro.

SCÈNE PREMIÈRE.

GASPARILLO et ses Compagnons sont à droite sous un bosquet, et boivent; plusieurs sont couchés à terre, d'autres sont debout, d'autres sont assis.

LE CHŒUR.
Buvons à tasse pleine
Et chantons tour à tour !
Oublions et la peine
Et les travaux du jour.

GASPARILLO, buvant, et commençant à se griser.
Je me sens une joie, une soif infernales
Dont rien ne peut tarir les feux...
Buvez tous... je le veux.

TOUS.
C'est donc toi qui régales ?

GASPARILLO.
Oui, oui, j'ai mes raisons pour être généreux.

LE CHŒUR.
Buvons à tasse pleine, etc.

GASPARILLO, chantant plus fort qu'eux, et comme un homme ivre.
Tra, la, la, la, c'est une séguédille.
Ah çà ! voulez-vous bien chanter ?

TOUS, chantant.
Tra, la, la, la, la...

GASPARILLO, les interrompant.

Taisez-vous, taisez-vous... c'est tout seul que je brille.
(Avec colère.)
Tra, la, la, la, voulez-vous m'écouter ?

RONDE.

Premier couplet.

Une princesse de Grenade
Aimait Pietro, le muletier.

TOUS, en chœur.

Une princesse de Grenade
Aimait Pietro, le muletier.

GASPARILLO.

Un muletier bon camarade
Vaut souvent mieux qu'un cavalier.
Eh !
Elle était noble, il était beau,
Oh !
Et l'amour ici-bas
Est de tous les états.
Ah !

Deuxième couplet.

Un jour qu'elle allait à la messe,
Et qu'il lui tenait l'étrier...

TOUS.

Un jour qu'elle allait à la messe,
Et qu'il lui tenait l'étrier...

GASPARILLO.

On dit que la belle princesse
Serra la main du muletier.
Eh !
Ah ! qu'il était content, Pietro !
Oh !
Car l'amour ici-bas
Est de tous les états.
Ah !

Troisième couplet.

Mais voilà que le roi son père
S'avise de les épier...

TOUS.

Mais voilà que le roi son père
S'avise de les épier...

GASPARILLO.

Et fait d'un coup de cimeterre
Trancher la tête au muletier.
Eh !
Ça mit la princesse au tombeau
Oh !
Car l'amour ici-bas
Est de tous les états.
Ah !

TOUS.

Bravo, bravo !
Buvons au muletier Pietro !

GASPARILLO, tout à fait ivre, et avec colère.

Je ne veux pas.

TOUS.

Pourquoi ?

GASPARILLO.

J'en ai le droit peut-être,
Je régale, je suis le maître.
Buvons à nos amours !

TOUS.

Il a raison : buvons à nos maîtresses...

GASPARILLO.

Bourgeoises ou princesses,
N'importe, buvons toujours !

TOUS.

A la plus belle !

GASPARILLO.

C'est la mienne.

TOUS.
C'est la mienne, la mienne.

GASPARILLO, d'un ton de maître.
C'est la mienne.
Et quand j'en parle, chapeau bas!
(Les menaçant.)
Chapeau bas, ou sinon...

TOUS, riant.
La sienne !
Il n'en a pas.

GASPARILLO, avec colère,
Je n'en ai pas...

UN PORTEFAIX.
Non, sur mon âme ;
Il n'a que sa femme.

TOUS, riant et se moquant de lui.
Ah! ah! ah! ah!

GASPARILLO, en prenant un au collet.
Par saint Jérôme! tu sauras
Ce que pèse mon bras.

Ensemble.

GASPARILLO.
Oui, c'est trop d'insolence !
Redoutez mon courroux ;
Redoutez ma vengeance,
Car je vous brave tous,
Oui, tous !

TOUS, riant.
Ah ! quelle extravagance !
Il veut nous braver tous ;
Tais-toi, tais-toi, silence !
Ou crains notre courroux.

(A la fin de cet ensemble, Gasparillo a pris au collet un de ses compagnons, qu'il a renversé et qu'il veut fouler aux pieds... On se jette entre eux, et on les sépare.)

TOUS, à demi-voix.

Téméraire, téméraire,
Dans les jardins de l'Alhambra !
De Ramiro crains la colère.
(Regardant du côté du palais.)
C'est sa femme, la voilà.
(Voulant l'emmener.)
Retirons-nous.

GASPARILLO.

Non pas, j'attends la señora.

TOUS.

Y penses-tu ?

GASPARILLO, se tenant avec peine sur ses jambes et tâchant de se relever.

Moi je suis sûr de plaire
A toutes les beautés, dès que je le voudrai.
(Regardant du côté du palais.)
Et celle-ci me paraît à mon gré.

TOUS, voulant l'entraîner.

Craignons pour lui les suites de l'ivresse.
Viens-t'en.

GASPARILLO.

Ah ! ah ! je n'ai pas de maîtresse...
Vous le disiez... Eh bien ! je veux
Qu'elle m'accorde à l'instant... dans ces lieux
Un tête-à-tête.

TOUS.

Allons, viens-t'en.

GASPARILLO.

Je reste là,
Et l'on verra.

SCÈNE II.

LES MÊMES ; HELENA et PLUSIEURS DE SES FEMMES.

HELENA, apercevant Gasparillo.
C'est lui.

GASPARILLO.
La voilà.

Ensemble.

HELENA.
Oui, c'est lui, c'est lui-même ;
Ah ! je tremble d'effroi,
Cachons le trouble extrême
Qui s'empare de moi.

GASPARILLO.
Ah ! quel bonheur extrême...
C'est elle que je voi...
(Aux portefaix.)
Allons, à l'instant même
Sortez tous, laissez-moi.

LES PORTEFAIX.
Quelle surprise extrême...
A peine si j'y croi.
Sortons à l'instant même ;
Je m'y perds, sur ma foi.

GASPARILLO, bas à ses compagnons.
Vous allez voir.

(S'avançant vers Helena un peu moins gris.)
Pardon, señora, si je vien
Vous demander un moment d'entretien,
A vous seule.

LES PORTEFAIX et LES FEMMES.
Quelle audace...

GASPARILLO, à demi-voix.

Vous m'entendez.

HELENA, se retournant vers ses femmes.

Il suffit.
Mesdames, laissez-moi, de grâce...

GASPARILLO, à ses compagnons.

Eh bien, eh bien ! ne l'avais-je pas dit ?

Ensemble.

LES PORTEFAIX et LES FEMMES.

Quelle surprise extrême ! etc.

HELENA.

Oui, c'est lui, c'est lui-même, etc.

GASPARILLO.

Ah ! quel bonheur extrême, etc.

(Ils sortent tous en silence, et laissent Helena avec Gasparillo.)

SCÈNE III.

HELENA, GASPARILLO.

HELENA, après avoir regardé si tout le monde est sorti, se rapproche de Gasparillo, et lui dit à voix basse.

Quelle imprudence de me demander cet entretien devant mes femmes... devant tout le monde !

GASPARILLO.

C'est vrai... mais il y allait de mon honneur.

HELENA.

Et comment cela ? (A part, le regardant.) Ah ! mon Dieu ! dans quel état le voilà... (Haut.) Dis-moi vite ce que tu avais à m'apprendre.

GASPARILLO.

Il y a d'abord, que vos ordres ont été exécutés... j'ai reconduit notre jeune homme jusque chez lui.

HELENA, effrayée.

O ciel ! tu le connais ?

GASPARILLO.

Qui est-ce qui ne connaît pas le fils du vice-roi ?... un beau cavalier, vif, aimable et léger... quand je dis léger, pas cette nuit... et quoiqu'il n'y ait pas loin de votre hôtel aux portes du palais, où je l'ai déposé...

HELENA.

Achève, de grâce... a-t-il repris ses sens ?... est-il revenu à la vie ?

GASPARILLO.

Pour ce qui est de ça... il faut qu'il ne l'ait pas voulu, ou que décidément il y renonce... car j'ai fait tout ce qui était en mon pouvoir... j'avais même été quérir de l'eau à la fontaine... quoique l'eau, voyez-vous, je ne l'aime pas beaucoup.

HELENA.

Eh bien ?

GASPARILLO.

Eh bien !... je lui en avais déjà jeté à la figure, et j'allais recommencer, lorsque d'une rue voisine, débouche une escouade d'alguazils... de vrais alguazils, qui s'emparent de moi, en criant : à l'assassin... et qui m'emmènent au corps de garde de la place major.

HELENA.

O ciel !

GASPARILLO.

Ne vous effrayez pas encore... car, au coin de la place, il y a une allée obscure donnant sur une autre rue... cette allée-là, je la connais... c'est celle d'un marchand de vin... je m'y élance en courant, tandis que les manteaux noirs m'y suivent à tâtons, et en tremblant, parce que de sa nature, le véritable alguazil a toujours peur... ce qui fait que dix minutes après, j'étais chez moi... auprès de ma femme, qui m'a demandé en vain d'où je venais... parce que moi, vous me connaissez... je suis la fidélité et la discrétion mêmes.

HELENA.

Je n'en doute pas... je t'en remercie... je dois t'en récompenser... Tiens... prends cette bourse.

GASPARILLO, refusant.

Une bourse! à moi... non pas, señora.

HELENA.

Quoi! tu me refuses?... pardon, je t'avais mal jugé... et puisque tu ne veux rien pour un tel service...

GASPARILLO.

Je ne dis pas cela.

HELENA.

Parle, alors... comment puis-je m'acquitter?... Eh bien!... tu hésites... et pourquoi ?

GASPARILLO, à part.

Pourquoi?... c'est là le difficile... quoique tout à l'heure j'aie bu de nouveau pour m'enhardir, je me doutais bien que jamais je n'oserais... dès qu'elle serait là... (Essayant de lever les yeux.) Pardon, señora... je veux, et je ne peux vous regarder... (S'enhardissant.) Mais je sais écrire, moi... je suis savant, quoique portefaix... et alors... je vous ai écrit...

HELENA, avec impatience.

Donne donc vite.

GASPARILLO, lui montrant un papier tout ouvert.

Ce papier, il est là... mais vous ne le lirez que quand je serai parti... (En détournant la tête.) Tenez, le voici... (Il le lui donne d'une main, et de l'autre il essuie les gouttes de sueur qui découlent de son front.) Dans un moment, je viendrai ici prendre votre réponse... (Cherchant à se donner du courage.) Adieu, je reviens. (A part.) Allons, le plus fort est fait.

(Il sort sans la regarder.)

SCÈNE IV.

HELENA, seule, tenant le papier à la main.

Qu'est-ce que cela veut dire? il y a à travers son ivresse... un sentiment de crainte... de honte... et de respect... Lisons... (Elle parcourt la lettre en tremblant, pousse un cri, et cache sa tête dans ses mains.) Il ose m'aimer, me le dire... Ah! malheureuse!... et il va revenir... il m'en a menacée... Mon mari, et le corrégidor !

SCÈNE V.

HELENA, DON RAMIRO, avec LE CORRÉGIDOR et PLUSIEURS ALGUAZILS.

LE CORRÉGIDOR.

Oui, seigneur, nous ignorons encore si c'est une vengeance ou un accident... mais on l'a trouvé cette nuit sans connaissance non loin du palais.

DON RAMIRO, regardant avec attention sa femme.

Et moi qui soupçonnais son courage... moi qui l'accusais d'avoir manqué au rendez-vous où je l'attendais !

HELENA.

Et qui donc? mon Dieu !

DON RAMIRO.

Don Raphaël... Mais qu'avez-vous donc ?

HELENA.

La surprise... (A part.) Il est donc vrai!

DON RAMIRO, au corrégidor.

A-t-on au moins quelque indice qui puisse faire découvrir le meurtrier?

LE CORRÉGIDOR.

Près de lui, au moment où nos alguazils sont arrivés, était un homme dont ils se sont emparés.

DON RAMIRO.

C'est bien !

LE CORRÉGIDOR.

Par malheur il paraît qu'au détour d'une rue il leur a échappé.

DON RAMIRO, aux alguazils.

Maladroits !

LE CORRÉGIDOR, montrant les alguazils.

Mais ses traits leur sont tellement présents qu'ils le reconnaîtraient entre mille... n'est-il pas vrai?

(Les alguazils font signe que oui.)

DON RAMIRO.

Que l'on commence à l'instant les recherches les plus sévères... la haine même que je portais à don Raphaël, à toute cette famille, me fait un devoir de ne rien négliger... car on doit justice à tout le monde... et surtout à ses ennemis.

SCÈNE VI.

Les mêmes; GASPARILLO.

HELENA, l'apercevant, à part.

C'est lui... je me meurs...

GASPARILLO, à Helena.

Eh bien, ma souveraine, je viens savoir votre réponse?

(Pendant ce temps, les alguazils qui ont examiné Gasparillo se font entre eux des signes d'intelligence... puis le montrent au corrégidor, et lui parlent à voix basse.)

DON RAMIRO.

Qu'y a-t-il donc?

LE CORRÉGIDOR, à don Ramiro.

Ils prétendent... que le meurtrier de don Raphaël... l'homme qui, hier, s'est échappé de leurs mains... est là... devant vos yeux.

TOUS, étendant la main vers Gasparillo.

Oui... c'est lui.

HELENA.

O ciel!

GASPARILLO, se retournant, et apercevant les alguazils qu'il regarde en riant.

Tiens... ce sont mes manteaux noirs de cette nuit.

HELENA.

Imprudent!

GASPARILLO.

Est-ce que j'aurais dit une bêtise?

DON RAMIRO.

Eh mais! n'est-ce pas cet homme que nous avons vu chez Teresita?... n'est-ce pas le mari de la devineresse?

HELENA, troublée.

Oui... je le crois comme vous.

DON RAMIRO.

Moi, j'en suis sûr... et ce serait là le meurtrier de don Raphaël? dans quelle intention?

HELENA, effrayée.

Oh! mon Dieu!

GASPARILLO, passant devant elle, pour se rendre près de don Ramiro.

Ne craignez rien... je me tairai... mais vous savez à quelles conditions.

QUATUOR.

DON RAMIRO.

C'est donc toi que, la nuit dernière,
On a saisi?

GASPARILLO, d'un air indifférent.
Si cela peut vous plaire.

DON RAMIRO.
Tu t'es enfui?

GASPARILLO.
Si cela peut vous plaire.

LE CORRÉGIDOR.
Pourquoi t'enfuir?

GASPARILLO, à part.
Il est bien curieux.

LE CORRÉGIDOR.
Réponds.

GASPARILLO, à part.
C'est si je veux.

TOUS.
Réponds, réponds, téméraire!

GASPARILLO.
Ce sont là mes secrets;
Et je ne les dirai jamais.
(Regardant tendrement Helena.)
Jamais! jamais! jamais!
(Chantant l'air de la ronde de la première scène.)
Tra, la, la, la, la.

LE CORRÉGIDOR, à don Ramiro.
C'est là le meurtrier... c'est de toute évidence.

DON RAMIRO.
C'est clair.

HELENA, vivement.
Ah! gardez-vous d'en croire l'apparence.

DON RAMIRO, étonné.
Comment! qu'en savez-vous?

HELENA, troublée.
Qui? moi! je ne sais rien.
Mais il n'est pas dans son bon sens.

GASPARILLO.

.... C'est bien,
Elle veut prendre ma défense.
(Chantant la ronde de la première scène.)
Une princesse de Grenade
Aimait Pietro, le muletier...

TOUS.

Réponds, réponds.

GASPARILLO, de même.

Un muletier bon camarade
Vaut souvent mieux qu'un cavalier.

TOUS.

C'est lui, c'est lui, la chose est claire,
Par lui son crime est reconnu.

LE CORRÉGIDOR.

Dès demain, tu seras pendu.

GASPARILLO, fumant son cigare.

Si cela peut vous plaire.

Ensemble.

GASPARILLO, chantant.

Une princesse de Grenade
Aimait Pietro, le muletier ;
Un muletier bon camarade
Vaut souvent mieux qu'un cavalier,
    Et l'amour ici-bas
    Est de tous les états.
    Ah! ah! ah! ah!

HELENA.

O moment de trouble et d'horreur !
D'épouvante je suis saisie.
Si je me tais, il perd la vie ;
Si je parle, je perds l'honneur.

LE CORRÉGIDOR, DON RAMIRO et LES ALGUAZILS.

Un meurtrier ! ah! quelle horreur !
Mais son audace est inouïe ;

Gaîment il va perdre la vie,
Ah ! je n'y conçois rien, d'honneur !

DON RAMIRO, au corrégidor.

A l'instant même qu'on l'amène
Dans cette salle souterraine
Du palais, et non loin de mon appartement.
Je désire, avant son supplice,
L'interroger encore... allez, qu'on le saisisse.

HELENA.

O ciel ! arrêtez...

DON RAMIRO, l'examinant.
Qu'avez-vous ?

HELENA.

De Teresita c'est l'époux,
Et je vous supplie...

GASPARILLO.

Oui : je veux prier madame
De transmettre aujourd'hui mes adieux à ma femme,
Si vous le permettez.

DON RAMIRO.

Va, soit ; je le veux bien.

(Gasparillo s'avance avec Helena au bord du théâtre, et sans pouvoir être entendu de don Ramiro et des alguazils.)

GASPARILLO, toujours gris, quoique un peu moins, à Helena.

Je l'ai promis à vous, ma souveraine,
Je suis muet, et je ne dirai rien ;
Mais cette salle souterraine
Où l'on va m'enfermer...

HELENA, tremblante.
Eh bien ?

GASPARILLO.

Vous en avez la clef.

HELENA, vivement.
Pour te délivrer ?

GASPARILLO.

Non;
Pour m'y venir trouver à l'instant, ou sinon...
(Se retournant vers don Ramiro, et reprenant sa chanson entre ses dents.)
Tra, la, la, la, la, la.

Ensemble.

GASPARILLO.

Une princesse de Grenade
Aimait Pietro, le muletier ;
Un muletier bon camarade
Vaut souvent mieux qu'un cavalier,
  Et l'amour ici-bas
  Est de tous les états.

HELENA.

O moment de trouble et d'horreur !
D'épouvante je suis saisie ;
Oui, s'il se tait, il perd la vie;
Et s'il parle, je perds l'honneur.

LE CORRÉGIDOR, DON RAMIRO, LES ALGUAZILS.

Un meurtrier ! ah ! quelle horreur !
Mais son audace est inouïe...
Gaîment il va perdre la vie,
Ah ! je n'y conçois rien, d'honneur !

(Don Ramiro sort par le fond. Le corrégidor entraîne dans le palais Gasparillo, qui sort en faisant des signes d'intelligence à Helena.)

SCÈNE VII.

HELENA, TERESITA, qui est entrée pendant ces derniers mots et qui s'est approchée d'Helena.

HELENA, les regardant sortir.

C'est fait de moi.

TERESITA, qui est entrée à la fin du morceau précédent.

Pas encore.

HELENA.

Que dis-tu?... est-ce que tu saurais?...

TERESITA.

A peu près; car ce matin, en entrant, mon mari m'a raconté, sans le vouloir, ses aventures de cette nuit... sa passion pour vous... il dit tout, quand il est gris.

HELENA.

O ciel!... et pour comble de malheur... il est là, en prison dans une salle basse du palais, don Ramiro veut l'interroger encore, et j'aime mieux d'avance et de moi-même tout avouer.

TERESITA.

Jamais, madame, jamais... il ne faut rien avouer aux maris... c'est leur rendre un mauvais service... même en leur disant toute la vérité, ils croient que nous leur en cachons la moitié... et pour leur bonheur, encore plus que pour le nôtre, il ne faut rien leur dire du tout.

HELENA.

Et comment forcer plus longtemps Gasparillo à se taire?... Sais-tu à quel prix il met son silence?... Tiens, lis...

(Elle lui donne le papier que lui a remis Gasparillo.)

TERESITA, parcourant la lettre.

Ah!... l'horreur!... si je m'en croyais... je le laisserais pendre... pour lui apprendre... mais, non, il faut vous sauver en le forçant à se taire. Est-il quelque moyen de pénétrer dans sa prison?

HELENA.

Une salle basse du palais... Adresse-toi de ma part au concierge, qui m'est dévoué; d'ailleurs, toi, sa femme, il ne te refusera pas.

TERESITA.

C'est bien!

HELENA.

Mais quel est ton dessein?

TERESITA.

Soyez tranquille... fiez-vous à moi... si je peux avoir une dernière preuve de sa trahison, je lui ferai une telle frayeur, que je vous réponds de lui et de son silence... mais, surtout, je vous le recommande : n'avouez jamais rien à votre mari.

HELENA.

C'est lui !

TERESITA.

Du courage, je vous laisse... Ah! mon Dieu ! que les honnêtes femmes sont gauches...

(Elle entre dans le palais.)

SCÈNE VIII.

HELENA, DON RAMIRO.

HELENA, à part.

Qu'il a l'air sombre et rêveur! (Haut.) Eh bien! monsieur, quelles nouvelles?

DON RAMIRO.

Plus j'y songe et moins je peux comprendre l'obstination de ce portefaix à se dire coupable.

HELENA.

Il ne l'est point, monsieur, j'en jurerais du moins...

DON RAMIRO.

Et moi aussi... je suis même certain de son innocence; aussi, d'ici à une heure, il sera en liberté.

HELENA, avec joie.

Vraiment ?

DON RAMIRO.

Oui, je viens d'interroger, de voir, de comparer les différents rapports de la police... ceux du palais; et peut-être vous-même, si vous l'aviez voulu, auriez pu nous fournir quelques renseignements qui eussent éclairé la justice.

HELENA, effrayée.

Moi, monsieur ?

DON RAMIRO.

Il résulte de plusieurs témoignages que don Raphaël a été vu hier soir, rôdant autour de notre hôtel... que dans la petite ruelle sur laquelle donne le balcon de votre chambre à coucher, on a trouvé une échelle renversée, et sur la terre, foulée en plusieurs endroits, on a trouvé ce ruban et ces deux croix de l'ordre d'Alcantara et de Charles III, dont Raphaël était ordinairement décoré.

HELENA.

Il n'est pas le seul en Espagne.

DON RAMIRO.

C'est juste, je le sais... mais tout à l'heure, quand vous avez appris sa mort, l'émotion que vous avez fait paraître...

HELENA.

Était toute naturelle... en apprenant que désormais je n'avais plus à craindre pour vos jours... car ce combat qui devait avoir lieu... ce rendez-vous au couvent de Sainte-Rosalie...

DON RAMIRO, avec colère.

Au couvent de Sainte-Rosalie !... et comment savez-vous que c'était là le lieu de notre rendez-vous ? qui vous l'a dit ?

HELENA, tremblante.

Vous, apparemment.

DON RAMIRO.

Jamais, j'en suis certain... c'était notre secret, je l'ai gardé... c'est donc par lui, par lui seul que vous avez pu savoir...

HELENA, tremblante.

Et quand il serait vrai ?

DON RAMIRO, furieux.

Vous l'avez donc vu ?... hier soir, en mon absence, à ce balcon, et pourquoi? Répondez, madame... pourquoi vous a-t-il parlé ?... pourquoi l'avez-vous vu ?

HELENA, à part.

Je me sens mourir.

SCÈNE IX.

LES MÊMES; CHRISTINA, entrant seule, pâle et tremblante.

CHRISTINA.

Ah! ma sœur!... serait-il vrai?... ce bruit qui se répand dans la ville, que don Raphaël n'existe plus?

HELENA.

Hélas!

CHRISTINA.

Ah! mon malheur est certain! je n'y survivrai pas.

DON RAMIRO.

Que dites-vous?

CHRISTINA.

Que je l'aimais... je peux vous le dire maintenant, puisqu'il n'existe plus... Quelle que soit votre colère, je l'aimerai toujours... je n'ai jamais aimé que lui...

HELENA, vivement.

Oui, monsieur; et vous connaissez maintenant le secret que vous me demandiez tout à l'heure avec tant d'instance. Toutes deux, autrefois, et pendant un mois entier, prisonnières de don Raphaël, ma sœur et lui s'aimaient à votre insu... moi seule étais leur confidente; et hier soir, avant le fatal événement qui a mis fin à ses jours, il est venu sous mes fenêtres, me parler de son amour, demander ma protection; car il devait, ce matin, s'il échappait à ce combat, venir ici vous proposer une réconciliation, et vous demander la main de votre sœur.

DON RAMIRO, *d'un air de doute.*

Bien vrai ?

HELENA.

C'était cette demande qu'il me suppliait d'appuyer aujourd'hui de tout mon crédit auprès de vous.

DON RAMIRO.

Quoi ! Helena, vous ne me trompez pas ?... ce n'est pas vous qu'il aimait... c'est votre sœur ?

HELENA, *baissant les yeux.*

Oui, monsieur.

DON RAMIRO.

Et il devait ce matin venir la demander en mariage ?

HELENA.

Oui, monsieur.

DON RAMIRO.

C'est bien la vérité ?

HELENA.

Oui, monsieur.

DON RAMIRO.

Je le saurai, et dès aujourd'hui, par Raphaël lui-même.

HELENA et CHRISTINA, *avec joie.*

Don Raphaël !

DON RAMIRO.

J'ai appris au palais de son père, où il avait été transporté, qu'hier soir, en rentrant, surpris au milieu de la rue par une attaque, un coup de sang... il a perdu longtemps connaissance... ce n'est que ce matin qu'il est revenu à lui.

HELENA.

En êtes-vous bien sûr ?

DON RAMIRO.

A n'en pouvoir douter ; car, tout à l'heure, je voulais le voir, lui parler ; il était sorti..,

HELENA, à part.

O ciel! comment le prévenir?

SCÈNE X.

Les mêmes; TERESITA.

TERESITA.

Madame, madame, une nouvelle, dont je n'ai pu revenir : don Raphaël...

HELENA.

Eh bien?

TERESITA.

Est dans le salon, qui demande à parler au seigneur Ramiro.

HELENA, à part.

Je suis perdue!

DON RAMIRO.

Qu'il entre.

HELENA, troublée.

Non pas... un instant...

DON RAMIRO.

Et pourquoi donc? D'où vient votre trouble?

HELENA.

Peut-être n'est-il pas convenable... qu'ici... devant ma sœur... Si nous lui parlions auparavant?

DON RAMIRO, sévèrement.

Et pourquoi donc? puisqu'il devait, disiez-vous, venir ce matin demander la main de votre sœur; nous sommes tous disposés à le recevoir... entre nous... en famille.

CHRISTINA, avec joie.

Cela vaut bien mieux... Dis-lui vite de venir...

HELENA.

Mais je vous atteste...

DON RAMIRO, d'un ton sévère.

Qu'il entre... Va, Teresita... va, dis-lui que je l'attends... (Regardant sa femme.) que nous l'attendons.

(Teresita sort.)

SCENE XI.

LES MÊMES, excepté Teresita.

CHRISTINA.

En vérité, ma sœur, je ne te conçois pas ; au lieu d'être joyeuse, te voilà toute troublée.

HELENA.

C'est qu'il se peut que depuis hier... ses intentions aient changé... qu'il veuille différer, (Montrant don Ramiro.) et les idées que monsieur a l'air d'y attacher sont si singulières..

CHRISTINA.

Quoi ! vous le refuseriez ?... et votre haine pour lui...

DON RAMIRO.

Non, rassurez-vous, quelles que soient nos inimitiés antérieures... je lui accorderai sa demande...

CHRISTINA, vivement.

Quel bonheur !

DON RAMIRO.

S'il la fait, cette demande. (Prenant Helena par la main, et à voix basse.) Toutes deux, vous avez été ses prisonnières... il est une de vous deux qu'il aime... et si c'est pour vous qu'il venait hier au soir... cette épée me vengera de lui, et de vous.

SCÈNE XII.

Les mêmes; DON RAPHAEL, amené par TERESITA, qui lui fait signe d'entrer.

FINALE.

DON RAPHAEL, saluant d'abord les dames, puis don Ramiro, dont il s'approche. A don Ramiro.

Au champ d'honneur, où vous daigniez m'attendre,
Un sort fatal m'empêcha de me rendre;
Et je viens...

DON RAMIRO.

Il suffit, seigneur.
Loin d'accuser votre valeur,
Je me plais à lui rendre un éclatant hommage.

DON RAPHAEL.

S'il est ainsi, je puis sans manquer à l'honneur
Et sans faire par vous soupçonner mon courage,
Vous avouer ici le secret de mon cœur.

HELENA, à part.

Que dit-il ?

DON RAMIRO, à Raphaël.

Achevez.

DON RAPHAEL, à Ramiro.

Hier, sans vous connaître,
J'osai vous défier... hélas! pour mon malheur!
Car dès longtemps j'adore votre sœur,
Et sans ce démêlé qu'un hasard a fait naître,
Je voulais aujourd'hui, tel était mon dessein,
Venir vous demander sa main.

HELENA et DON RAMIRO, à part.

O surprise !

CHRISTINA, courant à don Ramiro.

O bonheur ! vous l'entendez, mon frère.

DON RAPHAEL, pendant ce temps, s'approche d'Helena et lui dit vivement.

De mon amour c'est la preuve dernière...
Il fallait vous sauver...

HELENA, étonnée et se tournant vers Teresita.

Eh! mais... par quel mystère?

TERESITA, à voix basse.

N'étais-je donc pas là? j'ai su le prévenir.

DON RAMIRO, qui a pris la main de Christina, tend l'autre à don Raphaël.

D'un injuste soupçon je saurai me punir.

Ensemble.

TERESITA.

Ah! quelle ivresse et quel bonheur!
Déjà le calme rentre en son cœur.

CHRISTINA.

Ah! quelle ivresse et quel bonheur!
Déjà le calme rentre en mon cœur.

DON RAMIRO et HELENA.

Quelle surprise! Dieu! quel bonheur!
Déjà le calme rentre en mon cœur.

DON RAPHAEL.

J'ai dû te suivre, loi de l'honneur!
Déjà le calme rentre en mon cœur.

SCÈNE XIII.

LES MÊMES; GASPARILLO, amené par LE CORRÉGIDOR et LES ALGUAZILS.

DON RAMIRO, l'apercevant.

Mais voilà le portefaix, je veux au moins qu'il m'explique comment cette nuit... (Aux alguazils.) Laissez-le libre.

HELENA, à part.

C'est fait de moi!

TERESITA, à demi-voix, pendant que Gasparillo descend lentement la scène.

N'ayez donc pas peur, il ne dira maintenant que ce qu'il faut dire.

DON RAMIRO, à Gasparillo.

Puisque tu n'avais tué personne, pourquoi ce matin gardais-tu le silence? pourquoi tenais-tu à être pendu?

GASPARILLO, regardant Helena.

Parce qu'alors, je tenais à bien des choses, dont on rougit, quand l'ivresse est passée... et ma femme m'a fait comprendre...

DON RAMIRO.

Quoi donc?

GASPARILLO.

Elle m'a donné, à cause d'un certain hidalgo, des idées qui m'ont dégrisé... car j'étais gris et je ne le suis plus... mais de tout ce que j'ai rêvé... il n'y a qu'une chose de vraie, et celle-ci, je puis l'attester.

TOUS.

Laquelle?

GASPARILLO.

C'est que le malheureux jeune homme était mort! (Il se retourne et aperçoit don Raphaël.) O ciel! il est vivant!

Allons, allons, décidément
C'était un rêve, une folie...
Femme, femme, pardonne-moi,
Et désormais, toute la vie,
Je ne veux plus rêver... qu'à toi.

Ensemble.

CHRISTINA et TERESITA.

Ah! quelle ivresse! ah! quel bonheur!
Déjà le calme rentre en mon cœur.

DON RAMIRO et HELENA.

Quelle surprise! Dieu! quel bonheur!
Déjà le calme rentre en mon cœur.

DON RAPHAEL.

J'ai dû te suivre, loi de l'honneur,
Déjà le calme rentre en mon cœur.

LES ALGUAZILS et LE CORRÉGIDOR.

Ah! quelle ivresse! ah! quel bonheur!
Plus de tristesse, plus de frayeur.

GASPARILLO et TERESITA.

Ah! quelle ivresse! ah! quel bonheur!
Le calme rentre dans mon cœur.

(Don Ramiro unit don Raphaël et Christina. Il tend la main, en signe de réconciliation, à sa femme, et Gasparillo est aux pieds de la sienne.)

ACTÉON

OPÉRA-COMIQUE EN UN ACTE

MUSIQUE DE D.-F.-E. AUBER.

THÉATRE DE L'OPÉRA COMIQUE. — 23 Janvier 1836.

PERSONNAGES.   ACTEURS.

LE PRINCE ALDOBRANDI . . . . MM. Inchindi.
LÉONI . . . . Révial.

LUCREZIA, femme du prince Aldobrandi . . Mmes Damoreau-Cinti.
ANGELA, sœur du prince Aldobrandi. . . . Camoin.
STEPHANO, sigisbé de la princesse . . . . Pradher.

Femmes de la princesse. — Dames amies de la princesse.

En Sicile, dans les jardins et le palais du prince Aldobrandi.

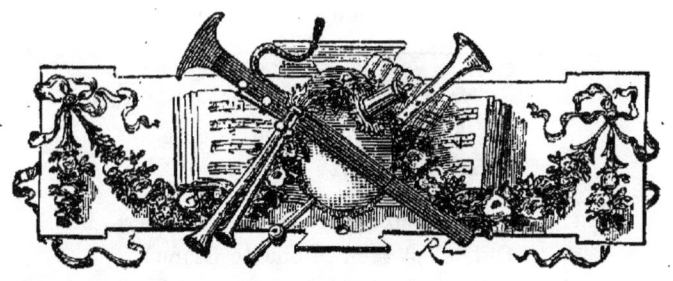

ACTÉON

Un salon élégant dont les portes du fond sont ouvertes et donnent sur de riches jardins. Deux portes latérales, à droite et à gauche; sur le devant du théâtre, des caisses contenant des arbustes.

SCÈNE PREMIÈRE.

LUCREZIA, ANGELA, Femmes de la princesse.

(Au lever du rideau Lucrezia, entourée de ses femmes, est assise devant un chevalet, et s'occupe à peindre. Angela, sa sœur, est assise de l'autre côté, et joue de la mandoline.)

INTRODUCTION.

LE CHOEUR.

Beaux-arts, doux charme de la vie!
Plaisirs purs et toujours sereins!
Par vous le temps que l'on oublie
S'enfuit emportant nos chagrins!

ANGELA, se levant et regardant le tableau de sa sœur.
Ah! quelle grâce enchanteresse!

PLUSIEURS FEMMES, regardant aussi.

L'Albane inspire Votre Altesse
Et semble guider ses pinceaux!

LUCREZIA, regardant son tableau.

Oui, c'est bien la chaste Diane!...
Oui, c'est bien elle qu'un profane
Vient de surprendre au sein des eaux!

LE CHŒUR.

Beaux-arts, doux charme de la vie! etc.

LUCREZIA, se levant et poussant un soupir.

Peindre est un grand bonheur!

ANGELA.

Ce doit être le vôtre!

LUCREZIA.

Bonheur bien ennuyeux quand on n'en a pas d'autre.

AIR.

Je ne sais d'où vient la tristesse
Qui m'accable, m'oppresse
Et me poursuit toujours.
Une sombre mélancolie
Du printemps de ma vie
Obscurcit les beaux jours!

En vain, pour moi, les parures brillantes
Étincellent de toutes parts;
Du bal joyeux les danses séduisantes
En vain attirent mes regards;
Ces plaisirs, jadis mon bonheur,
Ne peuvent plus toucher mon cœur.

Je ne sais d'où vient la tristesse, etc.

Beaux-arts que j'adore,
Vous, mes seuls amis,
C'est vous que j'implore
Contre mes ennuis!
Séduisante idole,
A qui j'ai recours,

Et qui nous console
Mieux que les amours !

Oui, votre ivresse
Dure à jamais,
Et ne nous laisse
Aucuns regrets !

Beaux-arts que j'adore, etc.

(A la fin de ce morceau, les femmes s'éloignent, et Lucrezia reste seule en scène avec Angela.)

SCÈNE II.
LUCREZIA, ANGELA.

ANGELA.

Savez-vous, ma sœur, que vous êtes bien heureuse, vous, maîtresse de ce beau palais et de ces jardins délicieux où je voudrais passer ma vie !

LUCREZIA.

Oui, tu as raison ! je serais comme toi, et je ne voudrais jamais en sortir, si ce n'était un obstacle terrible...

ANGELA.

Et lequel ?

LUCREZIA.

C'est qu'on m'ordonne d'y rester... (Soupirant.) Et il y a, dit-on, à Naples de si beaux concerts et des bals si élégants...

ANGELA.

C'est vrai ! j'en arrive ! et une chose qui m'étonne bien... lorsque le prince Aldobrandi, mon frère, m'annonça qu'il allait me donner une compagne, une amie, qu'il allait épouser une de mes camarades de couvent, la belle Lucrezia, je me suis dit : Bon ! nous irons ensemble dans les bals, dans les fêtes... parce que mon frère, qui est né d'un premier mariage et qui est bien plus âgé que moi... ne se soucie jamais de m'accompagner... tandis qu'avec une jeune belle-sœur...

LUCREZIA.

Ah! bien oui... il a fallu quitter la ville et nous confiner dans cette solitude où nous ne voyons personne.

ANGELA.

Excepté des femmes !...

LUCREZIA.

Ah! des femmes!... ça ne compte pas!

ANGELA.

Comment! ça ne compte pas? toutes ces demoiselles... les pensionnaires du couvent della Pietà, dont vous êtes la protectrice, et qui sont venues passer dans ce château les fêtes de la Pentecôte...

LUCREZIA.

C'est très-agréable pour moi... mais pour elles, toute la journée lire... se promener... causer... et médire entre nous... Si encore il y avait là des hommes, cela tomberait sur eux... mais impossible!

ANGELA.

Pourquoi donc?

LUCREZIA.

Le prince Aldobrandi, mon mari, ne veut pas qu'aucun cavalier pénètre dans ces lieux.

ANGELA.

Aucun... ah! mon Dieu! et s'il s'en présentait un? un seul... par hasard...

LUCREZIA.

Il ne serait pas reçu!... et on lui fermerait au nez les portes de ce riche palais...

ANGELA.

Voilà qui est bien terrible... et bien injuste...

LUCREZIA.

Qu'est-ce que cela te fait?

ANGELA.

Oh! rien... ma sœur... mais je cherche seulement pourquoi mon frère a pu donner une pareille consigne.

LUCREZIA.

Je vais te le dire, moi, et en confidence... c'est qu'il est jaloux!

ANGELA.

Jaloux! lui qui vous aime tant...

LUCREZIA.

Précisément! un jaloux est un égoïste... qui ne vous aime que pour lui... et pas pour les autres, ce qui est absurde.

ANGELA.

Est-ce que tous les hommes sont ainsi?

LUCREZIA.

Plus ou moins... mais chez le prince Aldobrandi cela tient à des raisons particulières... il a d'abord un très-grand défaut.

ANGELA.

Lequel?

LUCREZIA.

Cinquante ans! seul défaut dont on ne se corrige pas avec le temps... au contraire... Alors, il est défiant, jaloux... sans raison... sans motif!... tu le sais! il a toujours l'idée qu'on veut le tromper... et cette idée-là, c'est contagieux... ça se gagne... ce n'est pas ma faute... c'est la sienne.

ANGELA.

C'est vrai!... Mais comme il s'avance d'un air préoccupé!...

LUCREZIA.

Qui donc?

ANGELA.

Stéphano!... votre page!... le seul homme qui soit ici... l doit bien s'ennuyer au milieu de tant de femmes...

LUCREZIA.

Peu m'importe!... il faut bien que j'aie un sigisbé...

ANGELA.

C'est trop juste!... vous la princesse Aldobrandi... vous ne pouvez pas vous en passer... quand toutes les bourgeoises de Naples ou de Florence en ont un!

LUCREZIA.

Pour le moins.

SCÈNE III.

STÉPHANO, LUCREZIA, ANGELA.

STÉPHANO, entrant en regardant et en tournant le dos à Lucrezia.

J'ai beau regarder... je ne le vois plus... il sera parti...

LUCREZIA.

Eh! qui donc, signor Stéphano?

STÉPHANO.

Ah! c'est vous... madame... pardon... (A demi-voix.) Mais c'est je crois... un événement...

LUCREZIA.

Un événement ici!... quel bonheur! en es-tu bien sûr?... dis-nous-le vite...

STÉPHANO.

Oui, madame.

LUCREZIA, s'asseyant ainsi qu'Angela; Stéphano reste debout.

Mets-toi là... entre nous deux... nous t'écoutons... un événement!... c'est très-aimable à toi!

STÉPHANO.

Dame!... si je pouvais, il y en aurait tous les jours... j'aurais tous les jours quelque chose à vous dire; mais quand on ne peut pas...

LUCREZIA.

On ne t'en fait pas reproche... mais on te donne audience... Voyons ton événement.

STÉPHANO.

J'étais dans le salon... à regarder cette tapisserie que vous avez commencée hier...

LUCREZIA.

Belle occupation... pour un homme!

ANGELA.

Si ça l'amuse...

STÉPHANO.

Votre mari était dans un fauteuil qui dormait...

LUCREZIA.

Ah!

STÉPHANO.

Cela vous étonne?

LUCREZIA.

Du tout!...

STÉPHANO.

Est entré un beau domestique avec une riche livrée... bleu de ciel et argent... « Une lettre, a-t-il dit, pour la princesse Aldobrandi; » et monseigneur, qui venait de se réveiller, a répondu brusquement : « C'est moi... » et il a ouvert la lettre.

LUCREZIA.

C'est sans façons!

STÉPHANO.

Il a froncé le sourcil, a réfléchi un instant, puis il a répondu : « Vous direz au comte Léoni, votre maître... »

ANGELA, vivement.

Léoni!

LUCREZIA.

Qu'est-ce donc?

ANGELA.

Rien ! il a dit : Léoni...

STÉPHANO.

Certainement je l'ai dit...

ANGELA, cherchant à se remettre de son trouble.

Je croyais avoir mal entendu...

STÉPHANO.

Dame... je parle de mon mieux... « Dites au comte Léoni, votre maître, que je suis très-sensible à son invitation... mais ma femme est malade et ne peut aller ce soir à son bal... »

LUCREZIA.

Voyez-vous !... quelle trahison !

ANGELA.

C'est épouvantable !

STÉPHANO.

N'est-ce pas?... Le domestique s'est incliné et a dit : « Mon maître hésitait ce matin à venir présenter ses respects à ces dames et à monseigneur... mais maintenant... il n'aura garde d'y manquer, ne fût-ce que pour savoir des nouvelles de Leurs Seigneuries. »

ANGELA.

C'est très-bien !

LUCREZIA.

Très-convenable... je ne connaissais pas encore le comte Léoni, notre nouveau voisin... mais voilà qui me donne de lui la meilleure idée, et puisqu'il va venir...

STÉPHANO.

Du tout... il ne viendra pas !

ANGELA, se levant.

Comment ! il ne viendra pas !...

STÉPHANO.

Vous ne me laissez pas achever... A peine le domestique

était-il parti que monseigneur a sonné... — « Dites au concierge de ne laisser entrer personne... n'importe qui se présente ce matin... on répondra que je viens de partir pour Naples avec ces dames... »

ANGELA.

Mais ça n'a pas de nom ! il ira à Naples...

LUCREZIA.

Tu crois?...

ANGELA.

Il ne nous y trouvera pas... et il croira que je le fuis... que je ne veux pas le voir... et ce serait si mal à moi .. si ingrat...

LUCREZIA.

Tu le connais donc ?

ANGELA.

Eh ! mon Dieu, oui... c'est pour moi qu'il vient... je vous raconterai cela... (Regardant Stéphano.) à vous...

STÉPHANO.

La signora se défie de moi...

LUCREZIA.

Elle aurait tort... Stéphano est de notre parti, il est des nôtres... et quoique cousin de mon mari...

STÉPHANO.

Mon devoir est de vous obéir...

LUCREZIA.

En cavalier désintéressé...

STÉPHANO.

Il le faut bien !

LUCREZIA, à Angela.

Et tu peux parler sans crainte.

ANGELA.

Eh bien ! à Naples... et depuis votre mariage... je l'ai

17.

vu plusieurs fois au bal... toute la soirée il était mon cavalier... il dansait avec moi... il causait avec moi...

LUCREZIA, vivement.

Enfin... il disait qu'il t'aimait!...

ANGELA.

Non, ma sœur, il ne disait rien.

STÉPHANO.

Il y a comme ça des gens qui se taisent...

LUCREZIA, sévèrement.

Et ils font bien!

ANGELA.

Mais l'autre semaine... au bal de l'ambassadeur d'Espagne... ah! je n'oublierai jamais cette soirée... les danses étaient si vives .. si animées... et pourtant il ne dansait pas avec moi... il était bien loin dans un autre salon... Tout à coup un cri d'effroi se fait entendre... la flamme d'un lustre avait atteint une draperie... avait gagné la boiserie... en un instant le salon était en feu... Les femmes effrayées se précipitaient vers les portes qui étaient encombrées... et moi, saisie de terreur, je n'avais pas la force de fuir... lorsque quelqu'un m'emporte dans ses bras... et à travers les flammes il me serrait contre son cœur... en me disant : « Angela... Angela... ma bien-aimée... » J'étais évanouie... mais je crois que j'entendais... et quand j'ouvris les yeux, je vis devant moi dans le jardin le comte Léoni.

LUCREZIA.

C'était lui...

ANGELA.

Pâle et blessé, je crois...

STÉPHANO.

Ah! qu'il était heureux!

ANGELA.

Et me remettant aux dames qui m'accompagnaient, il me

demanda à venir savoir de mes nouvelles... « Demain, lui répondis-je, je quitte Naples... demain je pars pour la villa Aldobrandi... chez mon frère et mon tuteur... » Il me salua... s'éloigna sans me répondre... mais ses yeux me disaient : j'irai... et vous voyez qu'il a tenu parole.

LUCREZIA.

Et pour récompense on le renverrait !

ANGELA.

On lui fermerait la porte !

STÉPHANO.

Après un dévouement pareil...

LUCREZIA.

Ce n'est pas possible ! Stéphano nous servira...

STÉPHANO.

Toujours...

LUCREZIA.

Tu seras là... à la grille, quand il se présentera... et si, fidèle à sa consigne, le concierge lui dit qu'il n'y a personne... tu l'inviteras du moins à visiter nos jardins, qui méritent d'être vus.

STÉPHANO.

C'est dit !

LUCREZIA.

Alors il s'y promènera.

ANGELA, tristement.

Seul.

LUCREZIA.

Pas pour longtemps... et il y aura bien du malheur si, au détour d'une allée, nous ne le rencontrons point par hasard...

ANGELA.

Je comprends...

LUCREZIA, à Stéphano.

Va vite !

ANGELA.

Et si mon frère se fâche... qui sera puni ?

STÉPHANO.

C'est moi !...

ANGELA.

Si même dans sa colère...

STÉPHANO.

Qu'importe... si un mot de bonté, si un regard me paient après.

LUCREZIA, lui tendant la main avec bonté.

Et si je te paie d'avance...

STÉPHANO.

Oh ! alors je me jetterais dans le feu... et je cours !

SCÈNE IV.

LES MÊMES; ALDOBRANDI, l'arrêtant.

ALDOBRANDI.

Où donc ?

STÉPHANO.

Exécuter les ordres de madame...

ALDOBRANDI.

Lesquels ?

STÉPHANO.

Pardon, monseigneur, un sigisbé doit se taire... c'est le devoir de sa charge... il n'a que cela à faire...

ALDOBRANDI.

C'est encore trop !... et voilà une charge que je supprimerai...

LUCREZIA.

Y pensez-vous?

ALDOBRANDI.

Alors, qu'il parle! ou, beau sigisbé, mon ami, je vous fais fustiger par maitre Gourdino, mon majordome.

STÉPHANO, froidement.

Comme vous voudrez!

LUCREZIA.

Et moi je parlerai... je l'envoyais lever la consigne que vous avez donnée.

ALDOBRANDI.

Moi...

LUCREZIA.

Au sujet du comte Léoni... qui nous invitait ce soir, dans son palais, à une fête charmante... Je ne dis pas que j'aie envie d'y aller... j'en serais désolée, et vous avez bien fait de refuser...

ALDOBRANDI.

Ah! vous savez tout cela... (Regardant Stéphano.) Je vois qu'on ne se tait pas toujours...

LUCREZIA.

Oui, mon ami... vous avez deviné que j'étais indisposée, je vous en remercie... mais ce n'est pas une raison pour ne pas recevoir le comte Léoni... au contraire, nous lui devons des remerciements... des excuses... et il serait si inconvenant pour vous-même... car, pour nous, cela nous est égal...

ANGELA.

Oh! mon Dieu! oui...

LUCREZIA.

Si inconvenant pour vous... de le renvoyer ainsi...

ALDOBRANDI.

C'est possible... vous avez peut-être raison...

LUCREZIA.

N'est-ce pas ?

ALDOBRANDI.

Mais le mal est fait... M. le comte vient de se présenter... et je l'ai congédié...

LUCREZIA.

Sans le voir ?...

ALDOBRANDI.

Eh ! sans doute... puisque j'ai fait dire que nous étions tous partis...

LUCREZIA.

Mais il saura bientôt le contraire... Il le sait déjà...

ALDOBRANDI.

C'est possible... car il paraît qu'il a causé une heure avec le concierge... Tant mieux ! il verra par là que je ne me soucie pas de ses visites... et il restera chez lui ! Encore un amoureux qui venait pour vous, madame...

LUCREZIA.

Qu'en savez-vous ?... peut-être venait-il pour Angela, votre sœur !...

ALDOBRANDI.

Je le sais bien, il me l'a déjà fait dire !

ANGELA, avec joie.

En vérité !

ALDOBRANDI.

C'est sous ce prétexte-là qu'ils viennent tous... C'était chaque jour nouveaux prétendants qui demandaient à m'être présentés... à s'établir chez moi... pour plaire à ma sœur... pour lui faire la cour... et pendant ce temps... Serviteur !... j'ai pris un parti décisif... une mesure générale... j'ai déclaré partout que ma sœur refusait absolument de se marier...

ANGELA.

Eh bien ! par exemple !

ALDOBRANDI.

Et qu'elle prononcerait bientôt ses vœux au couvent della Pietà...

ANGELA.

C'est un indigne mensonge !

ALDOBRANDI.

Si tu aimes mieux que ce soit une vérité... tu n'as qu'à parler.

ANGELA.

Non, mon Dieu !...

ALDOBRANDI.

Alors de quoi te plains-tu ? de quoi vous plaignez-vous ?... vous avez ici une retraite délicieuse où vous faites tout ce que vous voulez... une société charmante... une douzaine de jeunes filles... douze bonnes amies !... je vous demande où vous trouveriez cela dans le monde... de plus, les beaux-arts tant que vous en voulez... la musique... la peinture... (Regardant le tableau.) Ah ! voilà qui est admirable... et je vous en fais compliment, madame...

LUCREZIA.

Vous êtes bien bon !

ALDOBRANDI.

C'est dans la solitude seulement qu'on peut faire de pareils progrès... Quel beau tableau !... rien que des femmes !... voilà les tableaux que j'aime...

LUCREZIA.

Par malheur... je prévois qu'il ne sera jamais fini...

ALDOBRANDI.

Pourquoi donc ?... la chaste Diane... au milieu de ses nymphes... en costume de bain... c'est charmant !

LUCREZIA.

Oui, monseigneur... mais il manque un Actéon... un bel

Actéon... dont on aperçoive la tête à travers le feuillage !...

ALDOBRANDI.

Eh bien ! faites-la... dessinez-la...

LUCREZIA.

Pour cela, monsieur, il faut un modèle...

ALDOBRANDI.

Bah !... une belle tête d'Actéon ! vous ne pouvez pas la faire d'idée ?

LUCREZIA.

Non, monsieur, je n'ai pas de ces idées-là... et ne vois pas ici qui pourrait me les donner... aussi, je vous le répète, pour terminer ce tableau... il me faut absolument un modèle... et si vous ne voulez pas... qu'on en fasse venir...

ALDOBRANDI.

Jamais ! jamais d'homme chez moi... surtout des Actéons.

LUCREZIA.

Mais encore une fois... pourquoi donc ?

ALDOBRANDI.

Pourquoi ?

AIR.

Il est des époux
Complaisants et doux,
Que l'on montre au doigt ;
Partout l'on en voit !
Moi, madame, je veux
Ne pas être... comme eux !

Non, non, telle est ma loi !
Non, non, jamais, chez moi,
Les courtisans
Et les galants
Ne viendront rire à mes dépens !

Il est des époux, etc.

Pour sauver la vertu des femmes,

Des amants pour rompre les trames,
Je connais un très-bon moyen,
Qui, dans tout temps, sera le mien!
   (Tirant un poignard.)
Voyez-vous cette bonne lame?
De mon honneur c'est le gardien!
Sitôt qu'on regarde ma femme,
Zig, zag... vous me comprenez bien!
Pour elle qu'un amant s'enflamme,
Zig, zag, zig... vous entendez bien!
Est-ce un rendez-vous qu'on réclame?
Zig, zag, zig, zag!... c'est moins que rien!
C'est simple et d'un facile usage;
Pour un époux sicilien,
D'être tranquille en son ménage
Voilà, voilà le bon moyen!

    Il est des époux
    Complaisants et doux,
    Que l'on montre au doigt;
    Partout l'on en voit!
    Par ce moyen, je veux
    Ne pas être comme eux! etc.

LUCREZIA.

Et moi je dis, monsieur, que je ne conçois pas un raisonnement et un système pareils...

ALDOBRANDI.

Chaque pays a le sien... je sais que ce n'est pas la coutume de Paris... c'est celle de Naples... Nous sommes ici quelques vieux gentilshommes qui tenons aux anciens usages et aux bonnes traditions, et quoique bien décidé, dans l'occasion, à me servir de ma recette, je désire en user le moins possible : voilà pourquoi j'ai résolu de ne recevoir aucun homme chez moi...

LUCREZIA.

Vous y avez réussi...

ALDOBRANDI.

Pas tout à fait... dans les meilleurs systèmes, il se glisse toujours des abus... et il s'en est glissé un ici que je veux supprimer... c'est votre beau page!...

STÉPHANO, à part.

O ciel!

LUCREZIA.

Lui... votre cousin... votre proche parent!

ALDOBRANDI.

En fait de parents, j'aime mieux les parents éloignés... Il vous fallait un sigisbé... et je l'ai souffert près de vous tant qu'il a eu dix ou douze ans, et s'il avait pu se maintenir ainsi... je ne dis pas; mais à présent, c'est différent... il s'en ira!

STÉPHANO.

Vous me chassez!

ALDOBRANDI.

Du tout!... je t'ai fait recevoir dans les pages du roi... et tu partiras aujourd'hui.

LUCREZIA.

Comment!... vous voulez?...

ALDOBRANDI.

Dès ce soir.

STÉPHANO, bas à Lucrezia.

Et vous le souffririez!

LUCREZIA, de même.

Silence!

ANGELA.

Si cela dure ainsi, j'en mourrai...

LUCREZIA.

Du courage... et laissez-moi... je vais tâcher de parler pour vous... (A part.) Et il faudra bien que je l'emporte...

(Angela et Stéphano sortent par le fond.)

SCÈNE V.

ALDOBRANDI, LUCREZIA.

DUO.

LUCREZIA, s'approchant doucement d'Aldobrandi.
D'où vient ce front sombre et sévère ?
Pourquoi vos traits sont-ils troublés ?
Vous qui savez si bien me plaire...
Aussitôt que vous le voulez !

ALDOBRANDI, avec humeur.
Je veux toujours !

LUCREZIA, d'un air caressant.
    Alors, de grâce,
Daignez le prouver à mes yeux !

ALDOBRANDI.
Eh ! que faut-il donc que je fasse ?

LUCREZIA, de même.
Ah ! bien peu de chose !

ALDOBRANDI.
    Tant mieux !

LUCREZIA, de même.
Eh bien !... à mes désirs sensible,
Daignez recevoir aujourd'hui
Chez vous le comte Léoni.

ALDOBRANDI.
Le comte Léoni !
Eh ! ne voyez-vous pas ici
Que pour lui vos instances même
Sont une preuve qu'il vous aime ?...

LUCREZIA.
Moi ?

ALDOBRANDI.
Vous !

LUCREZIA.
Moi?
ALDOBRANDI.
Vous!

Ensemble.

LUCREZIA.

O tyrannie !
O triste sort !
Sa jalousie
M'outrage encor!
Conduite affreuse,
Et qui me rend
Trop malheureuse
Près d'un tyran !
Oui, oui, vous êtes un tyran ;
Oui, craignez mon ressentiment !

ALDOBRANDI.

O triste vie !
Funeste sort !
Qui se marie
A bien grand tort!
Quand pour ma tête
Je suis tremblant,
Elle me traite
Comme un tyran !
Non, non, dussé-je être un tyran,
Je refuse un consentement !

(Il s'approche de Lucrezia, qui vient de s'asseoir à droite du théâtre, en lui tournant le dos. Il veut prendre sa main, qu'elle retire.)

Eh quoi ! votre main me repousse !
Pourquoi vos traits sont-ils troublés?
Vous êtes si bonne et si douce,
Aussitôt que vous le voulez !

LUCREZIA.

Eh bien ! puisqu'enfin, moins terrible,
Tout ce grand courroux est tombé,

Que Stéphano, mon sigisbé,
Reste avec nous!

ALDOBRANDI.

Stéphano!... lui!...
Eh! ne voyez-vous pas ici
Qu'au fond du cœur, ce jeune page
Vous adore malgré son âge?

LUCREZIA.

Moi?

ALDOBRANDI.

Vous!

LUCREZIA.

Moi?

ALDOBRANDI.

Vous!

Ensemble.

LUCREZIA.

O tyrannie! etc.

ALDOBRANDI.

O triste vie! etc.

LUCREZIA, se laissant tomber sur un fauteuil.

Je ne puis supporter un coup aussi fatal!
Et j'en mourrai!

ALDOBRANDI, effrayé.

Ma femme!... elle se trouve mal.
O supplice, ô tourments de l'amour conjugal!

Ensemble.

ALDOBRANDI.

Ma femme! ma femme!
Ne va pas mourir!
Renais, ma chère âme,
Fais-moi ce plaisir!
(S'approchant d'elle.)
Je t'aime! je t'aime!

Je t'aime toujours !
Reviens à toi-même,
Reviens, mes amours !
(A part, et s'éloignant d'elle.)
Au diable les femmes !
Enfer de nos jours !
Tourment de nos âmes,
Qu'on aime toujours !

LUCREZIA, à part, et soulevant la tête de temps en temps.
Il faut que l'adresse
Vienne à mon secours !
Oui, ruse et finesse
Triomphent toujours.
Je vois, pâle et blême,
Trembler mon époux ;
Il faut de lui-même
Qu'il tombe à genoux !
(Haut.)
Hélas ! la force m'abandonne ;
Vous avez méprisé mes pleurs !
Adieu !... je vous pardonne !...
Et je me meurs !

Ensemble.

ALDOBRANDI.
Ma femme ! ma femme ! etc.

LUCREZIA.
Il faut que l'adresse, etc.

(A la fin du duo, on entend au bas de la terrasse du fond le son d'une guitare ; Lucrezia, qui était restée jusque-là immobile dans son fauteuil, se lève brusquement, et court à la terrasse.)
Une guitare !... qu'est-ce que c'est ?

ALDOBRANDI, qui, pendant ce temps, a cherché un flacon dans un meuble qui est à gauche.
Allons ! allons ! puisqu'il le faut, je me rends... je ferai tout ce que tu voudras... mais reviens à toi... (S'approchant du fauteuil qu'il trouve vide.) Eh bien !... où est-elle donc ? (L'aperce-

vant au fond du théâtre auprès de Stéphano, qui vient d'entrer.) Avec Stéphano !... encore lui !

SCÈNE VI.

ALDOBRANDI, STÉPHANO, LUCREZIA.

STÉPHANO.

Ah ! madame !... ah ! monseigneur !...

ALDOBRANDI.

Qu'y a-t-il donc ?

STÉPHANO.

Au bas de cette terrasse, un pauvre villageois... il est aveugle, et chante des airs charmants...

ALDOBRANDI.

Qu'est-ce que ça me fait ?

LUCREZIA.

Cela fait que c'est amusant... et qu'ici, quand on s'amuse... c'est autant de gagné... autant de pris sur l'ennemi... Je veux qu'il vienne... je veux que nous l'entendions.

ALDOBRANDI.

Mais, madame !...

LUCREZIA.

N'avez-vous pas peur de celui-là ?... un aveugle !

ALDOBRANDI.

Qui ?... moi... Non, certainement. (A Stéphano.) Dis qu'on le reçoive.

LUCREZIA.

Et préviens ces dames.

(Stéphano sort.)

ALDOBRANDI, à part.

Au fait, celui-là peut entrer... il n'y voit pas. (A Lucrezia.) Vous ne me reprocherez plus de ne pas obéir aveuglément à vos volontés... quoique tout à l'heure... cet évanouissement...

LUCREZIA.

Eh bien?

ALDOBRANDI.

Se soit bien vite dissipé...

LUCREZIA.

N'allez-vous pas m'en faire un crime?

ALDOBRANDI.

Non, madame... mais moi qui vous croyais à toute extrémité...

LUCREZIA.

Oh! monsieur!... on se lasse de tout... même de se trouver mal : ainsi, prenez-y garde !

SCÈNE VII.

ALDOBRANDI, LUCREZIA, LÉONI, amené par **DES FEMMES.**
Il est en paysan, et tient une guitare.

LÉONI.

CAVATINE.

Jeunes beautés, charmantes demoiselles,
Vous qui devez avoir de si doux yeux,
Soyez, hélas! aussi bonnes que belles,
Prenez pitié d'un pauvre malheureux!

> Le sort qui vient l'atteindre
> Le laisse sans espoir,
> Jugez s'il est à plaindre :
> Il ne peut plus vous voir!

Jeunes beautés, charmantes demoiselles, etc.

LUCREZIA et SES FEMMES.

Que je le plains! que sa peine est cruelle!
Prenons pitié d'un pauvre malheureux!

LÉONI, s'adressant à Aldobrandi.

Jeunes beautés, charmantes demoiselles,
Prenez pitié d'un pauvre malheureux !

ALDOBRANDI, à part.

Pour celui-là, je vois bien que ses yeux
Sont à jamais privés de la clarté des cieux !

LUCREZIA, lui donnant une bourse.

Tenez... tenez... c'est en mon nom... et au nom de toutes ces dames... car il n'y a ici que des dames...

LÉONI, pesant la bourse.

Je m'en aperçois bien ! grand merci de vos bontés !

LUCREZIA.

Vous devez être bien malheureux ?

LÉONI.

Pas toujours... pas dans ce moment.

ALDOBRANDI.

Quel est ton pays ?

LÉONI.

Florence.

LUCREZIA.

Et de quoi vivez-vous ?

LÉONI.

De mes chansons... que je vais vendre dans les campagnes.

ALDOBRANDI.

C'est un Orphée en plein air...

LÉONI, à Aldobrandi.

Oui, ma bonne vieille ! et si vous voulez des barcarolles, des tarentelles... prenez !... prenez !... je ne les vends pas cher.

LUCREZIA.

Sont-elles jolies ?

LÉONI.

Il ne tient qu'à vous de les essayer.

LUCREZIA.

Voyons celle-ci...

ALDOBRANDI.

J'écoute !

LUCREZIA.

Ce sera un concert à votre bénéfice.

CANZONETTA.

Nina, jolie et sage,
Et même un peu sauvage,
Gardait pour elle, hélas !
Son cœur et ses appas !
Un jour, sous un ormeau,
Près d'un clair ruisseau,
Se croyant seulette,
Ninette
S'admirait,
Et se trouvait
Gentille et bien faite.
Quand soudain, en cachette...
Ah !... tremblez pour la pauvrette !
S'avance un beau seigneur,
Aimable et plein d'ardeur !
Qu'elle eut grand'peur, la jeune enfant !
Elle veut fuir... mais lui, la retenant...
Avec cet air qu'ils prennent tous,
Lui dit d'un ton si doux... si doux :
« Souvent un amant,
« Ment,
« En offrant sa foi...
« Moi,
« Fidèle en amours
« Je serai toujours !
« A toi j'appartiens.
« Viens !
« Viens régner sur moi... viens ! »
Et Nina...
Nina soupira !
Son cœur lui disait : oui ! sa raison

Disait : non!
Mais l'amour parla,
(Montrant son cœur.)
Là!
Et Nina céda...
Ah!!!

ALDOBRANDI.

C'est fort bien!... c'est très-joli. (Contrefaisant Lucrezia.) Des oh! oh!... et des ah! ah!... mais si tu n'as pas pour vivre d'autre fortune que tes chansons...

LÉONI.

Ah! j'ai encore une autre ressource!

ALDOBRANDI.

Et laquelle?

LÉONI.

Ma figure!...

ALDOBRANDI.

Ta figure!...

LÉONI, à Aldobrandi.

Oui, madame!

ALDOBRANDI.

Et comment cela?

LÉONI.

Je la prête parfois à des artistes... à des peintres... Dernièrement, à Rome, j'ai posé pour une tête de Bélisaire...

LUCREZIA, vivement.

En vérité?...

LÉONI.

Oui, madame.

LUCREZIA.

Ah! la bonne idée!... il me servira de modèle pour Actéon.

ALDOBRANDI.

Y pensez-vous?

####### LUCREZIA.

C'est le seul moyen de finir mon tableau, et ce sera charmant, toutes ces dames groupées devant moi... en nymphes de Diane, costume de rigueur.

####### ALDOBRANDI.

Mais, madame...

####### LUCREZIA.

Aucun danger... un aveugle... et nous pourrons devant lui, et sans crainte, rester fidèles à la vérité... ce qui est un grand avantage pour un peintre.

####### LÉONI, vivement.

Sans contredit!

####### LUCREZIA.

Vous, mesdames, allez vous préparer.

QUATUOR.

####### LÉONI, à part.

Le destin comble mes vœux,
Et grâce à mon stratagème,
Je vais revoir ce que j'aime!
Les aveugles sont heureux!

####### ALDOBRANDI.

Il faut céder à ses vœux.
Il faut, changeant de système,
Fermer les yeux quand on aime,
Les aveugles sont heureux!

####### LUCREZIA.

Enfin, et c'est bien heureux,
Malgré sa rigueur extrême,
Mon époux, aujourd'hui même,
Daigne céder à mes vœux.

####### LE CHŒUR.

Enfin, et c'est bien heureux,
Malgré sa rigueur extrême,
Son époux, aujourd'hui même,
Daigne céder à ses vœux

SCÈNE VIII.

Les mêmes; STÉPHANO, entrant avec précaution et regardant Lucrezia.

STÉPHANO.
Destin cruel et fâcheux!
Comment faire? ô peine extrême!
Sans lui dire que je l'aime,
Il me faut quitter ces lieux!

LUCREZIA, apercevant Stéphano.
Et toi, mon sigisbé... va prévenir ma sœur!

LÉONI, à part.
Je vais la voir! ah! quel bonheur!

ALDOBRANDI, regardant Stéphano avec humeur.
Encor ce page!...

LUCREZIA, à Léoni.
Il faut trois ou quatre séances.

LÉONI, avec joie.
Pour le moins, je l'espère!

ALDOBRANDI, se frottant les mains avec joie.
    Et j'y veux dans ce lieu
Assister!

LUCREZIA.
Vous, monsieur! l'on vous en fait défenses!
Car vous avez des yeux.

ALDOBRANDI.
    J'en ai si peu!... si peu!

(Stéphano, qui est à droite du théâtre, tire une lettre de son sein, et il la montre de loin à Lucrezia. Comme il est à côté de Léoni, la lettre, par le mouvement qu'il vient de faire se trouve presque devant les yeux de Léoni, qui reste immobile et ne fait aucun geste. Lucrezia fait signe à Stéphano de ne pas commettre d'imprudence; Stéphano remet la lettre dans son sein. Aldobrandi, qui est à gauche du théâtre, n'a rien vu.)

Ensemble.

LÉONI.

Le destin comble mes vœux!
Observons bien! ici même,
Je vais voir celle que j'aime;
Les aveugles sont heureux!

ALDOBRANDI.

Il faut céder à ses vœux,
Il faut, changeant de système,
Fermer les yeux quand on aime.
Les aveugles sont heureux!

LUCREZIA, regardant Stéphano.

Est-il donc audacieux!
Je crains pour lui, pour moi-même;
Sur lui, dans mon trouble extrême,
Je n'ose lever les yeux!

STÉPHANO, montrant sa lettre.

Que ce billet amoureux
Lui dise combien je l'aime,
Et réclame d'elle-même
Le prix de mes tendres feux!

(Stéphano présente encore le billet devant Léoni, qui est censé ne ne voir. Lucrezia s'avance pour prendre cette lettre; mais Aldobrandi offre la main à sa femme, et s'éloigne avec elle. Alors Stéphano fait signe à Lucrezia qu'il va jeter ce billet dans la caisse à droite qui contient un arbuste. — Il l'y jette en effet, et sur un geste d'effroi de Lucrezia, il s'enfuit en courant. Tout ce manége a été observé par Léoni, qui est debout et immobile devant eux.)

SCÈNE IX.

LÉONI, seul, les regardant s'éloigner.

A merveille! tout m'a réussi... Ah! seigneur Aldobrandi, vous fermez impoliment votre porte aux gens honnêtes qui se présentent les yeux ouverts... eh bien! on y entrera les yeux fermés... et grâce aux renseignements que m'a donnés le concierge, me voilà pour quelques jours de la maison!... Mais prenons garde !... en amour comme en guerre, il faut tout observer quand on est en pays ennemi! Et d'abord, quel est cet écrit que ce jeune page avait tant d'envie de remettre à la princesse? (Allant prendre la lettre dans la caisse et lisant.) Oh! je m'en doutais... Pauvre petit jeune homme! il est obligé de renoncer à ses fonctions de sigisbé... ce qui le désole... je crois bien ! Ici la place était bonne!... Il part ce soir pour Naples ; mais auparavant, et pendant que le prince Aldobrandi va faire la sieste... il demande à sa belle maîtresse un instant, un seul instant... pour lui faire ses adieux... et pour ses gages de sigisbé... pour ses gages arriérés, un seul baiser... ce n'est pas trop... Pauvre enfant! me préserve le ciel de lui nuire dans ses amours... moi qui pour les miens ai besoin de protection... (Relisant le billet.) Mais si timide... si respectueux... tant pis! le seigneur Aldobrandi méritait mieux que cela !

SCÈNE X.

LÉONI, lisant toujours le billet, ANGELA arrive par le fond.

ANGELA.

Voyons donc cet étranger dont toutes ces dames sont enchantées... ce pauvre aveugle ! (Apercevant Léoni occupé à lire.) O ciel !... ô prodige !... un aveugle qui lit un billet ! (Remontant le théâtre et appelant.) Mesdames... mesdames... venez être témoins d'un miracle...

LÉONI, courant à elle.

Imprudente!

ANGELA, le reconnaissant et poussant un cri.

Ah! grand Dieu!

DUO.

LÉONI.

C'est elle! c'est elle!

Que ma voix appelle,
Qu'adore mon cœur!
Oui, je l'ai revue,
Et mon âme émue
Renaît au bonheur!

ANGELA.

Surprise nouvelle,
O terreur mortelle,
Qui glace mon cœur!
Dans mon âme émue
Je tremble à sa vue
D'amour et de peur!

Le comte Léoni sous ce déguisement!

LÉONI.

C'était le seul moyen de déjouer la haine
Du tyran soupçonneux qui vous tient sous sa chaîne!
Il me bannit... il me défend
L'accès de ce palais où le bonheur m'attend!

Ensemble.

C'est elle! c'est elle! etc.

ANGELA.

Surprise nouvelle! etc.

LÉONI.

Il fallait bien apprendre de vous-même
Si vous m'aimez autant que je vous aime!

ANGELA.

Vous le voyez, monsieur, car je tremble...

LÉONI, avec joie et lui prenant la main.

En effet!

ANGELA.

Dans sa fureur, dans sa vengeance,
Mon frère vous poignarderait.

LÉONI, souriant.

Vraiment !

ANGELA.

Sur lui, par prévoyance,
Il porte toujours un stylet!
Je l'ai vu tout à l'heure... et s'il vous découvrait!

Ensemble.

ANGELA.

Partez, de grâce;
Fuyez le sort
Qui vous menace,
Fuyez la mort!
Il est terrible,
Il est jaloux;
Tout est possible
A son courroux!

LÉONI.

Je te rends grâce,
Dieu des amours!
Le sort menace
En vain mes jours;
Mon cœur paisible
Brave ses coups!
(A Angela.)
Tout m'est possible
Auprès de vous!

ANGELA.

Mais vous courez à votre perte.
Si votre ruse est découverte,
Je vous l'ai dit : il vous poignardera!

LÉONI, tendrement.

Mais d'ici là
Je vous verrai! j'aurai votre douce présence!

ANGELA.

Si j'étais seule à craindre sa vengeance,
Je vous dirais : restez! bravons ses coups!
Mais vous pour qui je tremble... vous!

Ensemble.

ANGELA.
Partez, de grâce, etc.

LÉONI.
Je te rends grâce, etc.

ANGELA.
On vient.. partez! partez!... écoutez la prudence!

LÉONI.
Seule, de mon secret vous avez connaissance.
Ne me trahissez pas!
Silence! silence!
Ne me trahissez pas!

ANGELA.
Oui, la moindre imprudence
Peut causer son trépas!
Silence! silence!
Ne le trahissons pas.

SCÈNE XI.

LÉONI, ANGELA, LES FEMMES de la princesse en nymphes chasseresses.

LÉONI, à part.
Ce sont les nymphes de Diane,
Au costume léger, à l'air pudique et fier!

ANGELA, à part, et les regardant.
O ciel!... en robe diaphane!...
(Voulant faire un pas vers elles.)
Comment les prévenir que l'aveugle y voit clair?

LÉONI, l'arrêtant.
Prenez garde! point d'imprudence!

ANGELA.
Baissez les yeux, monsieur!

LÉONI.
Je le promets!
Et pendant toute la séance,
Je ne verrai que vous!

ANGELA.
Alors... je le permets!

(Léoni s'assied près d'Angela, pendant que les femmes, habillées en nymphes, forment des danses et des groupes gracieux.)

SCÈNE XII.

LES MÊMES ; LUCREZIA paraît tenant à la main sa palette et ses pinceaux.

LUCREZIA, s'approchant de la caisse de fleurs où Stéphano a jeté la lettre ; à part.
Quand je songe à son imprudence!...
(Elle met sa main dans le vase.)
Il a repris sa lettre!... il a raison!
Je ne l'aurais pas lue!
(A sa sœur et aux autres dames.)
Eh bien!... cette séance!...

ANGELA.
On n'attend plus que vous!

LUCREZIA, regardant les dames qui l'entourent.
Ah! tout autre Actéon
S'estimerait heureux!...
(Regardant Léoni avec compassion.)
Mais ce pauvre garçon!

ANGELA, avec ironie.
Vraiment!... n'allez-vous pas le plaindre?

LÉONI, à demi-voix.
Taisez-vous donc!

LUCREZIA.
Avant de commencer à peindre,

Formons d'abord le groupe principal !
(Aux femmes.)
Vous... de cette onde pure admirant le cristal
Et près de vous baigner assises sous l'ombrage!
(A Léoni, le conduisant près des arbustes à gauche.)
Puis d'un œil indiscret, entr'ouvrant le feuillage,
Actéon... est-ce bien?

LÉONI, à part et regardant.
Ah! c'est original!

Ensemble.

LÉONI.

O moment plein de charmes !
O spectacle enchanteur!
Dont je puis sans alarmes
Savourer la douceur!

LUCREZIA, se mettant à peindre.
Art divin, par tes charmes,
Ton pouvoir créateur,
Tu bannis les alarmes,
Tu nous rends le bonheur!

ANGELA, à part, regardant Léoni.
Son œil, de tant de charmes
Tranquille observateur,
Fait naître mes alarmes,
Mon dépit, ma fureur!

LUCREZIA, à Angela.
Et toi, ma sœur?

ANGELA.
Te suis-je nécessaire

LUCREZIA.
Sans doute! j'ai besoin aussi de ton secours,
Toi, la nymphe Eucharis, à Diane si chère!
Mais dépose d'abord ces habits de velours,
Pour une chasseresse inutiles atours!

ANGELA, s'en défendant.
Eh! mais, ma sœur...

LUCREZIA.
Qu'as-tu donc, je te prie?

ANGELA, montrant Léoni.

Et cet aveugle!

LUCREZIA.
Eh bien! l'aveugle n'y voit pas!

ANGELA.

On prétend qu'il en est parfois...

LUCREZIA.
Quelle folie!

ANGELA.

Et si je vous disais...

LÉONI, s'approchant d'elle et à voix basse.
Voulez-vous mon trépas?
Au poignard d'un jaloux c'est exposer ma vie,
Que de parler...

ANGELA, se laissant ôter sa robe de velours, que deux femmes viennent de retirer.
Alors, je ne dis rien!
(Elle paraît comme les autres dames vêtue en robe de gaze, et s'approche vivement de Léoni en lui disant :)
Mais ne regardez pas!... je vous le défends bien!

Ensemble.

LÉONI, allant se cacher derrière le feuillage à gauche.
O moment plein de charmes;
O spectacle enchanteur!
Son trouble et ses alarmes
Font palpiter mon cœur!

LUCREZIA, occupée à peindre.
Art divin, par tes charmes,
Ton pouvoir créateur,
Tu bannis les alarmes,
Tu nous rends le bonheur!

ANGELA.
Ah! de trouble et d'alarmes,

De dépit, de douleur,
Je sens couler mes larmes ;
Cachons-leur ma fureur !

SCÈNE XIII.

LÉONI, à gauche, caché par les arbustes, ANGELA et LES FEMMES de la princesse placées en groupe ; LUCREZIA, à droite, assise devant son chevalet et occupée à peindre ; STÉPHANO, venant par la porte à droite et caché par les arbustes qui sont de ce côté, puis ALDOBRANDI.

STÉPHANO.

Le mari dort!... Voici l'instant du rendez-vous !
(Regardant.)
Ah! mon Dieu! que de monde!
(Apercevant Angela et le groupe des nymphes.)
O suave merveille!
O volupté des cieux à nulle autre pareille !
Tableaux délicieux à mes regards si doux !
Sans qu'on me voie, observons !
(Il écarte les branches d'un arbuste et passe sa tête.)

LÉONI, qui est à gauche, placé en face de lui, l'apercevant.

Prenez garde !
Prenez garde, Angela,
Un indiscret vous regarde !

TOUTES LES FEMMES, effrayées.

Où donc?

LÉONI, montrant Stéphano.

Là !

Lucrezia, Angela et toutes les femmes se lèvent en désordre. Stéphano, surpris, retire sa tête, se glisse le long des arbustes, et veut s'enfuir par le fond ; mais arrivé près des portes qui donnent sur le jardin, il rencontre Aldobrandi, qui, par curiosité, arrivait mystérieusement et sur la pointe du pied. Aldobrandi saisit Stéphano par l'oreille, et le ramène sur le devant du théâtre.)

Ensemble.

LUCREZIA, ANGELA et LES FEMMES.

Quel est-il donc ce téméraire
Qui vient surprendre nos secrets?
Qu'il redoute notre colere,
La mort est due à ses forfaits!

LÉONI.

Imprudent, que viens-je de faire?
Oui, dans mon transport indiscret,
En le livrant à leur colère,
Je viens de trahir mon secret!

ALDOBRANDI.

Voici, voici le téméraire
Qui vient surprendre vos secrets.
Par un châtiment exemplaire,
Qu'il soit chassé de ce palais!

STÉPHANO.

Ne pouvait-il donc pas se taire?
Maudit aveugle que je hais!
Qu'il craigne ma juste colère,
Qu'il tremble aussi pour ses secrets!

(Se mettant à genoux devant Lucrezia.)

Sans nul mauvais dessein, j'étais, par aventure,
Entré dans ce salon, sans rien voir, je vous jure!
Lorsque j'ai par malheur été vu...

ALDOBRANDI.

Mais par qui?

STÉPHANO, montrant Léoni.

Par l'aveugle!

LÉONI.

C'est faux!

STÉPHANO.

Ah! vous m'avez trahi!
Chacun son tour, je vous trahis aussi!

ALDOBRANDI, à part, regardant Léoni.

Encore un séducteur plus perfide qu'un autre!

(Tirant son poignard et s'approchant doucement de Léoni.)
De mon moyen voici l'instant de nous servir !
(Angela pousse un cri d'effroi; mais Léoni, qui a suivi Aldobrandi du coin de l'œil, lui saisit la main au moment où il va le frapper, et lui arrache son poignard.)

LÉONI.

Tout beau, seigneur ! mon bras, plus ferme que le vôtre,
Pourrait d'un tel essai vous faire repentir.

Ensemble.

LUCREZIA et LES FEMMES.

Quel est-il donc le téméraire
Qui vient surprendre nos secrets ?
Ah ! pour lui, dans notre colère,
Jamais de pardon ! non jamais !

LÉONI, regardant Aldobrandi.

Vraiment, je ris de sa colère !
Calmez ce transport indiscret,
Vous pardonnerez, je l'espère,
Quand vous connaîtrez mon secret !

ALDOBRANDI.

L'audacieux ! le téméraire !
C'est un amant !... Je m'en doutais.
Et ne pouvoir, dans ma colère,
Frapper ce tyran que je hais !

ANGELA.

Dois-je ici parler ou me taire ?
Et faut-il trahir son secret ?
(A sa sœur.)
Calmez !... calmez votre colère,
C'est l'amour seul qui le guidait.

STÉPHANO, regardant Léoni.

L'audacieux ! le téméraire !
Qui donc en ces lieux l'amenait ?
Et pour la beauté qui m'est chère
Son cœur brûle-t-il en secret ?

ALDOBRANDI, s'avançant près de Léoni d'un air menaçant.

Au moins, je l'espère, nous saurons qui vous êtes.

LÉONI.

Qui je suis?

ANGELA, se jetant entre eux.

Le comte Léoni!

LUCREZIA.

Quoi! c'est vous, monsieur? (Riant.) Je conçois alors qu'il y voyait très-bien.

LÉONI, la regardant, ainsi qu'Angela.

Grâce au ciel, madame...

STÉPHANO, avec dépit et jalousie.

C'est d'une indiscrétion!

LÉONI.

Non pas! (Bas à Stéphano.) Et voici la preuve que je sais garder un secret.

STÉPHANO, prenant la lettre qu'il lui remet.

Ma lettre!... Ah! grand Dieu!

ALDOBRANDI, s'avançant.

Qu'est-ce que c'est?

LÉONI.

Une affaire entre nous deux. Et quant à vous, seigneur, évitons, croyez-moi, le bruit et le scandale. Je ne venais point ici pour séduire votre femme, et pour vous le prouver d'un seul mot... donnez-moi votre sœur.

ALDOBRANDI, étonné.

Ma sœur!

LUCREZIA, vivement.

Par ce moyen, vous ne vous plaindrez plus que les amoureux viennent chez vous pour me faire la cour.

ALDOBRANDI.

C'est juste!... Ils iront chez monsieur.. je consens.

LÉONI.

Et ce soir, au bal que je donne... vous viendrez, vous et toutes ces dames...

LUCREZIA et ANGELA.

Nous acceptons!

STÉPHANO, bas à Léoni.

En serai-je?

LÉONI.

Cela va sans dire!

STÉPHANO, à part.

Quel bonheur! j'aurai peut-être mon rendez-vous!

LUCREZIA.

Et quant à ce malheureux tableau... je prévois maintenant qu'il ne sera jamais fini.

ALDOBRANDI.

Pourquoi cela?

LUCREZIA.

Où trouver maintenant un Actéon?...

ALDOBRANDI.

Cela me regarde!... vous en aurez un, je vous le promets.

LUCREZIA.

Et lequel?

ALDOBRANDI.

Moi.

FINALE.

LUCREZIA.

A Diane chasseresse
Rendons hommage en ce jour!
Et dans une double ivresse,
Ici chantons tour à tour
Et les beaux-arts et l'amour!
    De l'amour,
    Dans ce jour,
Chantons l'ivresse,

Chantons sans cesse
Les arts et l'amour.
(Au comte Léoni.)
Vous obtenez avec sa main
Sa tendresse;
N'oubliez pas votre refrain
De ce matin :

Souvent un amant
Ment,
En offrant sa foi ;
Moi,
Fidèle en amours
Je serai toujours.
Tenez ce serment-là ;
Le vrai bonheur est là,
Et jamais il ne s'en ira.

TOUS.

Tenez ce serment-là ;
Le vrai bonheur est là,
Et jamais il ne s'en ira.

TABLE

	Pages.
LE FILS DU PRINCE	1
LE CHALET	49
LE CHEVAL DE BRONZE	101
LE PORTEFAIX	201
ACTÉON	287

www.ingramcontent.com/pod-product-compliance
Lightning Source LLC
Chambersburg PA
CBHW060631170426
43199CB00012B/1512

9 78 2 0 1 2 1 7 7 3 9 0